위즈덤 키퍼스

내면 가이드북:

깨어난 64개의 얼굴

위즈덤 키퍼스 오라클의 동반자

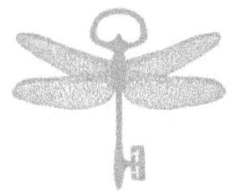

위즈덤 키퍼스들의 얼굴을 응시해보라.

그러면 연민과 사랑의 눈동자들이 당신을 보고 있고,

당신을 지지하고 있음을 느낄 것이다.

로지 아론손 박사 지음

강애나, 윤정선, 홍지연 옮김

깨어난 64 얼굴

위즈덤 키퍼스 내면가이드북 (The Wisdom Keepers Inner Guidebook)

Copyright 2015 로지 아론손 Rosy Aronson

이 책의 한국어판 저작권과 모든 권리는 저자에게 있음. 저자의 사전허락없이 어떤 방법이나 형식으로 오라클 카드와 이 책의 어떤 부분도 무단전제와 무단복제를 금합니다. 이 책은 오직 영혼과 감정을 가이드하기 위한 것입니다.

Seal Pup Press

PO BOX 138

Berkeley, CA 94701

sealpuppress.com

ISBN: 978-1-73458-484-4

로지 아론손: 글, 그림

강애나, 윤정선, 홍지연: 옮김

킴 과 로지 아론손: 카드 디자인

AC 크리에이티브의 앤 카메론: 편집, 출판, 창의적 컨설팅

윤정선: 한글판 편집

미스틱 알키미 디자인의 콜레트 드 가니에르: 편집디자인, 컨설팅

에블린과 마릴리 아론손: 편집지원

의식의 스펙트럼과 관련된 키워드와 개념: Richard Rudd's The Gene Keys, Gene Keys Publishing copyright 2009

WisdomKeepers.net

어떤 위즈덤 키퍼들은 당신이 아는 사람을 닮았을 수도 있지만, 위즈덤 키퍼스와 그들의 이야기는 원형적인 본질과 변형의 주제를 보여주기 위해 만들어진 것으로, 특정인물이나 캐릭터, 지역이나 사건들을 대변하려는 의도는 전혀 없습니다.

당신 안의 위즈덤 키퍼에게

바칩니다.

위즈덤 키퍼스가 한국사람들에게 다가갈 수 있도록 해준

헌신적인 번역자들에게 깊은 감사를 드립니다.

잠자리 날다

투명한 망사 날개를 가진 잠자리
더 가까이 오라,
내가 불멸의 암시를 알아차릴 수 있도록
날씬한 몸매로 육화되어
교묘히 어른거리는 무지개 빛

흐릿한 색깔, 날개도 없이 버둥거리던,
물가의 하찮은 존재
그토록 미개한 상태로
땅에 묶여, 비천하기 그지없던
너는 깊은 그림자들 속에서 기다렸다.

지복에 찬 비행으로 솟아오르며 새로 태어난
너는 이제 여섯 방향으로 날아다니고
한때 망각하고 있던 높은 곳에서 땅을 바라보네

잠자리, 너는 나이고, 나는 너이다.
시간을 초월한 평온한 바위에서
너는 여름날의 햇살과 은총을 받고 있구나.
그토록 우아한 비단옷을 입고,
이른 아침 변형을 지켜보고 있는 내게
잠자리가 더 없는 아름다움을 가르쳐 주네
~라벨레 로우즈

인간의 얼굴

무한한 그녀가 얼굴의 윤곽선들에

자신의 이야기를 쓴다,

살아있는 거울들에서 비쳐 나오는

궁극의 현실을.

구도자는 단지 이 성스러운 얼굴에

시선을 주기만 하면 된다.

열린 수용성 속으로 사라져

살아있는 빛 속에 흡수되어,

함께,

신비와

마주앉아

우리만이 홀로 숨쉬면서

모든 타인은 사라지고…

~탄마요 로우선

www.premtanmayo.com

목차

I.	위즈덤 키퍼스에 대한 소개	10
II.	인간의 얼굴	11
III.	창조 과정	12
IV.	스토리의 탄생	14
V.	64	15
VI.	유전자 키	16
VII.	위즈덤 키퍼스에 접근하는 방법	24
VIII.	65개 위즈덤 키퍼스의 이야기	27
	1 ~ 신선함	28
	2 ~ 방향성	32
	3 ~ 혁신	36
	4 ~ 이해	40
	5 ~ 인내	44
	6 ~ 외교적 수완	48
	7 ~ 지도	52
	8 ~ 스타일	56
	9 ~ 결단	60
	10 ~ 자연스러움	64
	11 ~ 이상주의	68
	12 ~ 분별력	72
	13 ~ 안목	76
	14 ~ 능력	80
	15 ~ 끌어당김	84
	16 ~ 다재다능	88
	17 ~ 선견지명	92
	18 ~ 진실성	96
	19 ~ 민감성	100
	20 ~ 자기확신	104
	21 ~ 권위	108
	22 ~ 정중함	112

23 ~ 단순함	116
24 ~ 발명	120
25 ~ 수용	124
26 ~ 기교가 뛰어난	128
27 ~ 이타주의	132
28 ~ 전체성	136
29 ~ 몰입	140
30 ~ 가벼움	144
31 ~ 리더십	148
32 ~ 보존	152
33 ~ 주의깊음	156
34 ~ 힘	160
35 ~ 모험	164
36 ~ 휴머니티	168
37 ~ 평등	172
38 ~ 끈기	176
39 ~ 역동성	180
40 ~ 해소	184
41 ~ 예상	188
42 ~ 초연함	192
43 ~ 통찰력	196
44 ~ 팀워크	200
45 ~ 시너지	204
46 ~ 즐거움	208
47 ~ 변이	212
48 ~ 풍부한 자원	216
49 ~ 혁명	220
50 ~ 균형	224
51 ~ 주도권	228
52 ~ 자제력	232
53 ~ 확장	236
54 ~ 영적인 열망	240
55 ~ 자유	244

	56 ~ 풍부함	248
	57 ~ 직관	252
	58 ~ 활력	256
	59 ~ 친밀감	260
	60 ~ 현실성	264
	61 ~ 영감	268
	62 ~ 정밀	272
	63 ~ 탐구	276
	64 ~ 상상	280
	65 ~ 당신!	284
IX.	카드 스프레드방법들과 사용을 위한 지침들	287
	위즈덤 키퍼와 의도적인 관계맺기	288
	위즈덤 키퍼 통렌	289
	하루 한장 안내와 명상을 위한 스프레드	289
	라이프 플라워 스프레드(B.L.O.S.S.O.M)	290
	인간관계 스프레드	291
	가족(또는 그룹) 스프레드	292
	가계혈통 스프레드	293
	창조적인 꿈 스프레드	294
	특별한 도전 스프레드	294
	완전한 상태 스프레드	295
	9 센터 차크라 스프레드	295
X.	유전자 키를 통한 자신만의 독특한 디자인 탐구하기	296
XI.	더 깊이 들어가기 위한 자료들	297

마무리노트: 컬러코드의 이해　　　　　　　　　　297
마지막 말　　　　　　　　　　　　　　　　　　299
특별한 감사　　　　　　　　　　　　　　　　　　299
번역자 소감　　　　　　　　　　　　　　　　　　300
예술가/작가에 관하여　　　　　　　　　　　　　301

한 마을이 되네요!

친구들, 가족, 고객들, 디자인 투 블라썸 참가자들, 그리고 *유전자 키* 공동체, 비전을 가지고 모두들 나름대로 이 사랑의 작업을 지원해 준 그 모든 것에 대해 나의 가장 깊은 감사를 전한다.

위즈덤 키퍼스 오라클 카드가 탄생하는데, 보다 중심적인, 독특한, 혹은 촉매작용을 한 다음과 같은 분들에게도 특별한 감사를 전하고 싶다. 리차드 러드, 앤 카메론, 콜레트 드 가니에르 - 레트너, 시만트와 패티 허킨스, 윌리암 세브란스, 엘리야 파커, 에바 찬, 스테판 웡, 얀 콜린스, 테레사 콜린스, 신디 실바, 제니 칸스, 로나 레너, 지나 로즈, 마크 프롬, 엠발리 크레아조, 쉬리드 비자야라남, 레베카 피스크, 프렘 탄마요, 올라프 섀퍼, 엘리짜 스토이코바, 제시카 하다리, 수잔 스트라스부르그, 얀 캠프, 조엘 존스, 케라네 마리 로모나코, 발레리, 브렌단, 조와 엘라 크레안, 라헬, 오웬, 제브와 야콥워커, 베쓰, 브라이언, 엘리아나와 오드리 워싱턴-딘, 루비 아르츠, 카린 폰 달러, 미레야 알레조, 카렌 클로디어, 비나 징, 안트 사라, 그랜파 샘, 그랜마 제웰, 라우루 후, 나와 생물학적이고 영적인 자매이자 창조적인 산파인 마릴리, 그리고 나의 멋지고 우호적인 부모님이자 편집자인 닐과 에비, 엄청난 인내심과 나이보다 훨씬 현명하고 재미있는 나의 딸 마야, '어리석고 창조적인 일'에 죽이 잘 맞는 나의 사랑하는 동반자 킴, 그가 없었다면 이 카드는(그리고 나의 제정신은) 존재하지 못했을 것이다.

그리고 물론 위즈덤 키퍼스, 그들의 영혼에게도 감사를 전한다. 그들은 정말 필요한 때에 나에게(그리고 이 세상에) 와 주었다

위즈덤 키퍼스에 대한 소개

커다란 고통의 시기이자 위대한 약속의 시기인 지금의 우리 행성은 모순의 시간이다. 그 어느 때보다, 한 종으로서의 우리의 생존은 우리가 서로의 차이들을 존중하고 존경하면서 우리 모두 연결되어 있음을 인정하고 받아들이는 우리들의 능력에 달려있다.

이 *깨어난 64 개의 얼굴들*을 탄생시킨 나의 의도는 기적처럼 다양하면서 '하나'인 세상의 영혼을 되찾고, 보여주고, 축하하기 위한 것이다. 그것은 나의 방식으로 '자신'과 '타인'을 넘어선 깊고 친밀한 경험에 참여하는 것일 뿐만 아니라, 믿을 수 없을 정도로 독특한 개인이나 부족을 부각시키는 것이다. 이 얼굴들은 내가 세상에서 보고 싶고 내안에서 경험하고 싶은 바로 그런 평화와 사랑과 이해를 구현하고 있다. 그들은 우리를 우리의 집단적인 진화와 토착적인 뿌리들에 연결시켜주는 고대인과 새로운 인간의 원형을 모두 보여준다. 다수의 '위즈덤 키퍼스'들이 나이든 사람들인 것은, 이 계획에 대한 나의 가장 깊은 의도 중의 하나가 젊음에 집착하는 우리의 문화에서 거의 보이지 않고, 평가절하되고, 할 일이 없는 나이든 사람들의 지혜와 광휘를 기리고 축하하기 위함이기 때문이다.

인간의 얼굴

종종 '감정의 기관'이라 불리는 인간의 얼굴은 역동적인 캔버스이며 비언어적 의사소통의 가장 강력한 채널 중의 하나이다. 태어나는 순간부터 우리는 끊임없이 우리 주위의 얼굴들을 읽고, 반영하고, 관찰하며, 사람들의 느낌을 더 잘 이해하고 세상에서 우리가 사랑받고 있는 지, 안전한 지를 더 잘 판단하기 위한 단서들을 찾고 있다.

건강한 애착관계를 형성하는 능력은 어릴 때 우리를 돌보는 사람의 얼굴에 나타나는 존재의 질에 의해 깊이 결정된다. 연구에 의하면 아기들이 공감적인 얼굴을 만나면 편안해하며 무럭무럭 잘 자란다고 한다. 불분명하거나 부정적인 표현들을 만나면 아기들이 자주 감정적으로 무질서해지고 자라면서 건강한 유대관계를 형성하는데 어려움을 겪는다.

그렇다고는 하지만 우리는 굉장히 탄력적인 존재들이다. 애정어린 새로운 애착관계를 통해 우리는 오래된 상처를 치유할 수 있는 잠재력을 가지고 있다. 사랑과 수용을 보여주는 어떤 얼굴을 들여다보는 것만으로도 사랑을 주고받는 능력 뿐만 아니라, 우리가 우리 자신을 어떻게 보고 경험하는 지에 대해 지속적인 영향을 끼칠 수 있다.

인간의 얼굴은 또한 더 깊은 의식상태를 전달한다. 진정으로 현존해 있는 사람의 눈을 충분히 오랫동안 들여다본다면 우리는 우리자신의 내면의 광휘와 생동감에 접속되기 시작한다.

*깨어난 64 개의 얼굴들*은 명확하게 당신의 잠재력을 인식하고 당신의 아름다움을 반영하고, 당신의 사랑을 받기 위해 왔다. 당신이 친구, 할머니, 멘토, 연인, 혹은 가이드가 되려 할 때 각 얼굴들과 접속하라. 긴장을 풀고 눈동자의 광채를 보라. 시간이 흐르면서 각각의 위즈덤 키퍼스와 진실한 관계가 발전되도록 허락하라. 당신은 그들의 마법적인 힘에 놀랄 것이다. 비록 개개의 얼굴은 다르지만, 그들은 모두 당신을 무조건적으로 사랑하기 위해, 당신이 누구인지에 대한 중요한 진실을 드러내기 위해, 그리고 당신의 영혼 속에 뿌려진 꿈들을 당신이 기억해내는 것을 도와주기 위해 왔다.

창조 과정

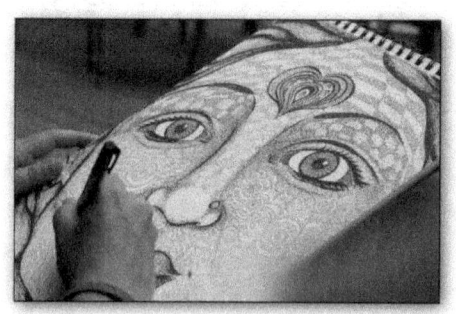

*깨어난 64 개의 얼굴들*이 만들어진 창조과정은 신비스럽고, 변덕스럽고 고도로 직관적이었다. 종종 이 존재들은 나의 꿈과 상상을 통해 떠올랐다. 이따금 나는 원형적인 수준에서 나를 감동시키거나 영감을 주는 사람-혹은 사람들의 혼합-의 본질을 포착하는데 강하게 끌렸다. 내가 그림에서 끄집어내야 한다고 느꼈던 에너지와 표정을 가진 사람이 거리를 걸어가거나 카페에 앉아 있는 것을 나는 두어 번 본 적이 있다. 그리고 사람들과 어떤 얼굴에 대한 시각을 그들과 함께 나눈 적도 여러 번 있었으며, 나는 이러한 시각들을 하나의 이미지로 통합했다.

그림을 그릴 때 나는 의식적으로 친밀하고 명상적이고 직관적인 공간으로 들어간다. 나는 한 점 한 점, 한 줄 한 줄 씩 매우 리드미컬하고 세부적인 과정을 지나간다. 천천히 나는 흰 종이와 검은 잉크가 서로 얽히고 단음적인 스타카토 춤속에서 마침내 검은 것도 흰 것도 모두 사라질 때까지 지켜본다. 검은 것도 아니고 흰 것도 아니다. 그저 바탕으로부터 떠오르는 다면적인 존재 - 보편적이고 원형적인 상징들로 채워지고, 감춰진 세계로 나를 초대하고 나의 뼈 속에서 느껴지는 존재를 표현하고 있는.

이 얼굴들을 창조하는 과정은 나를 굉장히 진정시켜 주었다. 그것은 갈등상태의 세상에 대해 내가 가진 슬픔을 통해 일할 수 있게 해 주었을 뿐만 아니라 나만의 고유한 치유형태를 받아서 사용하게 해주었다. 일단 그림이 완성되어 이 현명한 존재들의 눈을 들여다볼 때 나는 이 존재들이 나를 보아주고 소중히 여겨주고 지지해 주는 것을 느낀다. 처음에는 그들의 특이한 아름다움에 경외감이 들고 매혹되지만, 마지막에는 그들의 민족성이나 종교나, 그들의 피부색도 중요해지지 않는다. 혹은 그들의 나이조차도. 중요한 것은 그들의 시선이 불러 일으키는 변형의 가능성이다.

그들과 함께 시간을 보내면서 나는 내 자신이 점차적으로 일상생활에서 편안해지고, 신뢰하고, 인내하고 용서하는 것을 느꼈다. 좀 더 사랑하게 되고, 좀 더 살아있게 되고, 좀 더 힘이 있고, 좀 더 현실적이 되도록 초대받는 느낌이다.

궁극적으로 나는 이 그림들을 영혼의 창으로, 혹은 치유의 거울로 본다. 각각의 존재는, 우리 각자의 내면 깊숙이 들어있는 잠재력과 사랑과 연민의 얼굴은 보편적이라는 진리를 아름답고 독특하게 보여준다.

스토리의 탄생

위즈덤 키퍼스의 형태를 만들 때 누가 나올지를 거의 통제하지 않았던 것처럼, 나는 '오라클 덱'을 만들 때가 되었을 때도 그들이 해야 할 말을 거의 통제하지 않았다. 이 *내면의 가이드북*을 쓰는 일은 완전한 항복과 신뢰를 필요로 하는 매우 직관적인 과정이었다.

'위즈덤 키퍼스'들로 하여금 자신들의 사적인 이야기를 내게 털어놓게 했을 때, 내가 배운 가장 중요한 것은 그들 하나하나가 고통스럽고 힘든 경험을 견뎌냈을 뿐만 아니라, 융이 우리 자신의 그림자를 껴안으라고 권한 것처럼 그들도 스스로를 포용함으로써 자신들의 지혜를 획득했고 자신들의 재능을 발견했다는 것이다. 나는 이 빛나는 존재들이 당신과 나와 그리 많이 다르지 않다는 것을 배웠다. 그들은 정말로 인간이다. 어떤 종류의 고통과 외로움, 불편함과 두려움을 겪지 않고 이 삶에 존재하며 사랑하고 자비로운 자는 우리 중에 아무도 없다는 것을 떠올리면 얼마나 위안이 되는가! 그러므로 바로 지금 당신이 어디에 있든 당신이 열린 마음과 호기심을 가지고 당신의 도전들을 맞이하는 법을 배우고 있다면, 아마도 당신 또한 자신의 지혜를 간직한 위즈덤 키퍼가 되는 여정에 있는 것일 것이다.

유의하세요: 위즈덤 키퍼스와 그들의 이야기는 원형적인 주제들을 표현하는 하나의 방법으로써 특성을 보여준 것이지 특정한 사람들을 보여주기 위한 의도는 없다.

64

깨어난 64 개의 얼굴들과 변형시키는 힘을 가진 그들의 이야기를 직관적으로 수신했을 때, 나는 그들을 원형적인 지혜의 보관자와 전달자로 인식했다. 나는 그들이, 고대 주역의 철학체계(64 괘와 함께)와, 그리고 고객과 학생들과 더불어 내 작업에서 영감의 중심이 되는 두 흐름인 라 우루 후의 '*휴먼디자인*'과 리차드 러드의 '*유전자 키*'를 포함해서 주역에서 탄생한 수많은 현대의 신비적이고 창조적인 표출들, 그리고 칼 융의 작업(그림자에 대한 그의 강조와 함께)과 같은 다른 중요한 원형탐구들과 어떻게 연결될 수 있는 지를 연구하고 싶었다.

주역과 64 개의 키는, 예술과 우주론, 종교와 과학을 포함하여 인간의 다양한 탐구영역에서 특별히 중요한 의미를 가지고 있다. 나는 수 년에 걸쳐 나의 개인적이고 영적이며 전문적인 연구를 통해 이 분야들을 탐구해왔다. 나는 카운셀러와 교사로 일할 때 그것들을 나의 작업에 접목하면서 그것들은 나에게 특별한 의미와 힘을 가지게 되었다.

실용적이고 힘을 실어주는 '오라클 카드'를 통해 깨어난 64 개의 얼굴들을 확장하고 이 현명한 존재들을 사람들에게 데리고 가는 법을 연구할 때 나는 내가 '유전자 키'의 저자인 리차드 러드의 심오한 작품과 가장 강하게 공명하는 것을 알았다. 염려와 감사로 나는, 최선을 다해 각 '위즈덤 키퍼스'의 도입부에서 보듯, '유전자 키'의 가장 본질적인 개념들과 키워드들을 이 '내면의 가이드북'의 글에 포함시켰다. 이 '오라클 카드'를 통해 깨어난 64 개의 얼굴들과 '유전자 키'를 함께 엮은 나의 핵심의도는 '위즈덤 키퍼스'가 실제적이고, 즐거운 방식으로, 사람들에게 심리적인 통찰력을 키워주고 개인적인 변형을 일으킬 수 있는 힘을 고취시키는 방법을 탐구하기 위함이다.

유전자 키

이미 말했듯이, '위즈덤 키퍼스 오라클 카드'는 일부분 '유전자 키: DNA 에 숨겨진 고차원의 목적을 밝히다'의 저자이자 수상경력이 있는 시인이며 세계신화를 가르치는 교사인 리차드 러드의 작품에서 영감을 받았다.

이 오라클 카드가 행복하게 서 있는 것은 한편으로 사람들을 '유전자 키'의 세계로 따뜻하게 맞이하기 위한 것이기도 하다. 나는 이 카드에 끌리는 사람은 누구든지 '*유전자 키*' 책을 탐구하거나 성장하고 있는 온라인 상의 '유전자 키' 협회에 참여해보라고 적극 권유한다. 그것들은 당신의 '위즈덤 키퍼'경험을 대단히 풍부하게 해줄 것이다.

유전자 키란 무엇인가?

*유전자 키*의 필수적인 요소 몇 가지를 이해하는 것이 '*위즈덤 키퍼스 오라클 카드*'를 사용하는 데 도움이 될 것이다. '*유전자 키*'는 우리의 핵심적인 자기신념을 변화시키고, 우리의 의식을 확장하고 우리 개인의 창조적인 천재성을 세상에 드러내는 것을 도와주기 위한 지식이다. '*유전자 키*'의 중심에는 64 개의 보편적인 원형이 들어있다.

64 개의 '유전자 키'는 주역의 64 괘와 우리 인간의 DNA 의 64 코돈과 이 카드의 64 '위즈덤 키퍼스'와 일치한다. 각각의 '위즈덤 키퍼스'는 고유한 스토리를 통해 자신들의 특정한 원형의 본질을 보여주고 전달한다. 그들의 이야기는 개개의 원형들이 어떻게 우리의 삶에 작용하는지, 그리고 그들이 어떻게 문화와 민족성, 인종과 종교, 나이를 초월하는 지를 명확히 밝혀주기 위해 여기에 있다. 심리학과 사회학, 신비주의와 타고난 이해를 함께 엮어 태피스트리를 짜나가면서 '*위즈덤 키퍼스*'는 심오한 변형을 일으키는 신비한 당신의 여정을 축하하고 촉진시킬 것이다.

의식의 스펙트럼

'위즈덤 키퍼스'에서 각각의 '위즈덤 키퍼'가 '유전자 키'에서 리차드 러드가 사용하고 있는 것처럼 '그림자 Shadow', '재능 Gift', '깨어남 Siddhi' 라는 세개의 기본개념과 연결되어 있다. 러드는 이것을 '의식의 스펙트럼으로 정의하며, 생존, 봉사, 항복이라는 인간의 경험적 단계와 관련된 원형적인 상태들이라고 말한다. 그림자(Shadow)는 융심리학에 뿌리를 두고 있고, 반면에 깨어남(Siddhi)은 불교와 힌두교의 신비주의 전통에서 사용하는 용어이다.

그림자(Shadow): 우리가 생존을 걱정하며 두려움이 운전석에 앉아 운전할 때, 우리는 그림자 영역에 있는 것을 발견한다. 그림자는 억압적인 방식과 반동적인 방식으로 표현될 수 있다.

재능(Gift): 우리자신을 보호하고 방어하기 보다 우리자신을 존중하며 사람들에게 봉사하는 쪽으로 더 향해 있을 때, 우리는 보다 더 자연스럽게 세상에서 우리의 재능을 사람들과 나누며 소속감을 느낀다.

깨어남(Siddhi): 순수한 확장상태에 들어가 분리감을 버리고 완전히 '전체'와 하나가 되었을 때, 우리는 깨어남(Siddhi)의 영역에 들어간다.

이 세 단계는 각각 인간으로서 우리의 심리적 영적발달에서 본질적인 역할을 한다. 그림자 없는 재능은 없고, 깨어남 없는 그림자도 없고, 재능 없는 깨어남도 없다. 이 존재(혹은 주파수)상태들은 우리가 진화함에 따라 숨을 쉬고 춤을 춘다.

 재능과 그림자, 깨어남이 어떻게 우리가 살아가는 동안 서로 끊임없이 상호작용하는 지를 이해하면 우리는 더 커다란 연민과 인내를 가지고 '위즈덤 키퍼스'와 그리고 우리자신과 관계를 맺을 수 있다. 인간의식의 완전한 스펙트럼을 일깨울 때 우리는 자기자신에게 더 부드러워지고 더 큰 성장패턴이 작용하는 것을 알아차리기 시작한다.

 비록 수 년 동안 진실한 영적 길을 걷고 있다할지라도 여전히 재능과 그림자상태를 왔다갔다하고 있는 자신을 발견하게 될 것이라는 것을 이해하는 것은 중요하다. 또다시 익숙한 바퀴 홈에 빠진 느낌이 들 수도 있지만, 이것은 아주 자연스러운 것이다. 만약 우리가 지나친 자기판단없이 그냥 거기에서 견딜 수 있다면, 슬픔과 두려움과 좌절의 기간은 사실 아주 비옥한 시간이 될 수 있다. 시간이 흘러 우리가 저항감을 덜 갖고 그림자영역을 다시 방문할 때, 그림자의 힘이 느슨해진 것을 알아차릴 것이다. -그림자가 더 이상 우리의 태도나 선택, 행동을 결정하지 않는다.

 감정과 생각들은 실제인 것처럼 보이지만, 우리는 더 이상 똑같은 방식으로 그것들에 사로잡혀 통제받지 않는다. 봉사하고 하는 욕구와 사랑이 자신을 보호하거나 방어하고자 하는 욕구와 두려움보다 더 큰 동기로 작용할 때 우리는 자신이 진화하는 것을 감지하기 시작한다. 봉사하기 위한 노력 속에서 우리는 자신의 독특한 재능들이 자연스럽게 표현되는 것을 발견하게 되고, 점점 더 순수한 상태의 사랑과 이해와 살아있음의 체험을 하게 된다.

 그러므로, '위즈덤 키퍼'의 스토리들을 읽고 그들의 기본적인 주제들이 어떻게 자신의 삶에서 작용하고 있는 지를 바라볼 때 당신의 가슴과 마음에 재능과 그림자, 깨달음 그리고 이 상태들의 미묘한 상호작용을 유지하며 지켜보라.

 당신은 이 카드에서 '위즈덤 키퍼'의 스토리들이 일차적으로 각 원형의 그림자와 재능의 표현에 초점이 맞춰져 있는 것을 알게 될 것이다. 깨어남의 영역은 카드에서 두 눈의 표정과 얼굴의 상징들과 종교적인 연상을 통해 활기차게 전달된다.

 '위즈덤 키퍼' 하나하나는 당신의 가슴을 깊이 관통해서 당신에게 신비체험의 문을 열어주는 잠재력을 가지고 있다. '깨어남'에 관해서는 항상 그렇듯이, 당신이 해야 할 일은 아무것도 없다. 당신을 행복하게 만들 수 있는 것은 아무것도 없다. 그저 열려 있으라, 그리고 항복하라.

그림자

그 사람을 자신의 그림자와 대면시키는 것은 그에게 그 자신의 빛을 보여주는 것이다. ~ 칼 융

 우리는 그림자가 어떻게 나타나고 어떻게 우리의 삶에 가장 유익하게 작용할 지를 알기 위해 그림자에 특별한 주의를 기울인다. '*유전자 키*'와

'*위즈덤 키퍼스*'는 우리에게 그림자가 어떻게 우리의 개인적인 변형과 집단적의 변형의 열쇠를 모두 가지고 있는 지를 가르쳐준다.

아이일 때, 우리들 대망분은 만약 우리가 어떤 식으로 행동하거나 느낀다면, 우리에게 필요한 사랑과 안전과 보살핌을 받게 되고, 만일 다른 식으로 느끼거나 행동하게 되면, 비난과 거절, 혹은 위협에 맞닥뜨린다는 것을 배운다. 우리는 정서적 육체적 자양분을 부모나 일차적으로 우리를 돌보는 사람에게 의존하기 때문에 우리는 재빨리, 그리고 본능적으로, 불안하거나 안전하지 않다는 느낌을 주는 우리자신의 일부를 거부하는 것을 배운다.

이러한 과정은 대부분 우리가 자각할 수 있는 의식의 바깥에서 일어난다. 이것은 우리들 대다수가 그것이 우리의 아주 인간적이고 자연스러운 충동들과 느낌과 욕망들의 일부를 빼앗아 어둠- 혹은 우리 존재의 그림자- 속으로 던져버렸다는 것을 의식조차 못한다는 것을 뜻한다. 우리가 힘든 감정들(예를 들면, 분노나 슬픔, 혹은 이기심)로 꽉 차 있든, 아니면 긍정적인 것처럼 보이는 것들(예를 들면, 유쾌함과 직관, 관능성)로 차 있든, 우리는 강력한 경험들을 우리의 무의식속으로 밀어넣어 보이지 않는 방식으로 그것들이 영향력을 휘두르게 했다.

그림자들은 미꾸라지처럼 잡기 어렵고 교활하다. 그리고 그것들은 어떻게든 표현할 방법을 찾아낸다. 대개 그것들은 우리자신의 파괴적인 행동과 삶에서 우리가 주고받는 사람들과 상호작용을 통해 나타난다. 사실 우리를 가장 자극하는 바로 그 사람들이 대부분 우리가 억누르고 있는 바로 그 충동과 욕망들을 행동으로 옮기고 있는 사람들이다.

그림자의 신성한 역할

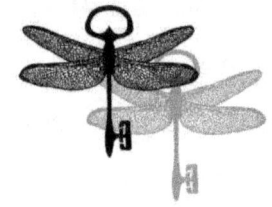

그림자는 매우 아름다운 다이아몬드를 숨기고 있는 석탄덩어리와 같다.

~ 리차드 러드

그림자들이 요리조리 잘 빠져나가고 교활할 지라도 우리가 그들을 포용하는 법을 배운다면 그들 역시 신성하다. 우리자신의 괴로움에 대해 우리가 취하는 태도가 결국 우리의 그림자가 우리와 인류에게 도움이 될 지 안될지를 결정하는 것이다.

고통스럽거나 불편하거나 금지된 감정을 경험할 때 묵상할 질문들:

당신은 이 감정을 밀쳐버리는가?

그것을 판단하는가?

이 감정의 희생자가 되는 느낌인가?

이것에 대해 다른 사람들을 비난하는가?

혹은, 그것을 있는 그대로 허용할 수 있는가?

당신이 가슴을 연 채로 그것이 당신을 통해 씻겨 나가는 것을 허락하면서 그것을 완전히 느끼도록 자신을 허락할 수 있는가?

머무르고, 숨쉬고, 신뢰할 수 있는가?

그러므로 여기에 당신을 초대한다.... 당신이 그림자 공간으로 떨어질 때마다 그것을 '성지'로 붙들고 있으라. 거기에 대해 무엇인가를 하려고 하지 말라. 그저 그것이 있는 것을 허락하라. 당신이 경험하고 있는 것이 무엇이든지 간에 있는 그대로의 완벽함에 완전히 현존해 있으라. 완벽한 고통, 완벽한 혼란, 완벽한 번뇌. 바로 그렇게 하면 할수록 당신은 더욱더 자신이 자연스럽게 재능의 영역으로 확장되는 것을 발견할 것이다.

자신의 개인적인 고통에 짓눌리고 더없이 외로움을 느끼고 있을 때 당신은 고통의 세계와 심오하게 연결되어 있음을 알라. 바로 '*위즈덤 키퍼스*'처럼. 당신은 경험의 거대한 인간 태피스트리의 한 부분을 구성하도록 되어 있다. 당신이 인간의 고통의 한 특정한 측면을 이해하고, 신진대사를 통해 분해하고, 변형시킬 때, 당신은 세상을 위하여 그렇게 하는 것이다. 당신이 자신의 고통을 치유할 때 당신은 인류의 고통을 치유하는 것을 돕고 있는 것이다.

'위즈덤 키퍼스 오라클 카드'는 '유전자 키'(그리고 '휴먼디자인')의 팬들을 위한 멋진 보충학습이다. '유전자 키'가 방대한 지식을 나타내며 지적으로 혹독하다면, 이 카드는 사람들에게 그 본질을 배울 수 있는 추가적 방법을 제공한다 – 직접적이고, 친밀하고, 관계적이고 가슴을 여는 방식으로. 각 '위즈덤 키퍼' 스토리마다 '유전자 키'의 키워드들을 (이탤릭체)로 썼다.

'유전자 키' 책에 있는 리차드 러드의 21 코돈링이나 '위즈덤 키퍼'의 '소울 그룹'을 가지고 작업하고자 하는 사람들을 위해 카드들을 색깔별로도 분류해 놓았다. (색깔 별 분류에 대해 더 알고 싶으면 이 가이드북의 마지막에 있는 '파이널 노트'를 참고하라)

위즈덤 키퍼스에 접근하는 방법

이렇게 카드를 이용하면 당신의 탐구에 재미와 동시성의 차원을 포함시킬 수 있다. '위즈덤 키퍼스 오라클 카드'에 있는 얼굴을 탐구할 때, 수용적이고 열려 있으라. 당신은 특별히 한 '위즈덤 키퍼'에 - 혹은 더 될 수도 있고- 끌리는 것을 느낄 수 있을 것이다. 여기에는 이유가 있음을 믿어라. 변형시킬 수 있는 힘이 그 연결 속에 있다. 명심하라, 틀린 '위즈덤 키퍼'와 연결되거나 실수를 하는 것은 불가능하다는 것을. 카드를 가지고 작업할 때, 당신의 '위즈덤 키퍼스'를 당신이 자주 가는 특별한 장소에 두기를 권유한다. 당신이 이 존재들과 연결될 때마다 당신자신의 원형적인 본질과 당신 삶의 심오한 잠재력과 연결되고 있음을 알아. 두 눈 속에 마법이 있다.

카드를 섞거나 뽑을 때마다 질문과 의도를 가슴에 지녀라. 올바른 '위즈덤 키퍼스'가 당신에게 오기를, 그리고 당신의 '위즈덤 키퍼'나 카드 스프레드가 당신의 최고의 선에 봉사하도록 요청하라. 카드를 선택할 때 당신이 일상적으로 쓰지 않는 손을 사용하라 - 당신의 내면아이의 지혜를 불러내고, 마음의 긴장을 푸는 것을 돕기 위해서다.

예/아니오로 답해지는 질문이 아니라 결말이 열려 있는 질문들을 하라. 실제적이고 '지금'에 기반한 질문들이 되게 하라. (이 오라클 카드는 앞일을 예측하기 위해 점을 치는 도구가 아니다) 당신이 이 길을 갈 때 펼쳐지는 꿈들과 이미지들, 통찰들, 성찰들을 담을 수 있는 '위즈덤 키퍼'일기를 계속 쓰기를 권한다. 어떤 '위즈덤 키퍼'를 선택해서 곧장 가이드북을 펴서 그 '위즈덤 키퍼'에 대해 배우고 거기서 제공되는 질문과 행동단계들에 영감을 받아도 된다. 혹은, 외부의 영향없이 어떤 직관적인 안내를 받게 될 지를 보기 위해 가이드북을 참조하기 전에 혼자서 그 '위즈덤 키퍼'와 시간을 보내도 좋다. 자신이 필요한 것을 알게 될 것이라는 믿음을 가져라.

당신의 관조를 좀 더 도와주는 다음의 질문을 사용해보라:

특별한 이 '위즈덤 키퍼'가 당신에게 무엇을 자극하는가?
그, 혹은 그녀가 당신에게 일깨워주는 중요한 진실은 무엇인가?
이 '위즈덤 키퍼'가 당신에게서 보고 신뢰하는 '재능'은 무엇인가?
이 존재가 이해하고 포용하는 당신의 그림자는 무엇인가?
오늘 이 '위즈덤 키퍼'가 당신에게 주는 메시지가 있다면, 그것은 무엇일까?
만약 당신이 이 사람과 함께 앉아서 대화를 나눈다면, 무슨 대화를 나누고 싶은가?
당신이 묻고 싶은 것은 무엇인가?
그, 혹은 그녀가 어떤 대답을 할 거라고 생각하는가?

그리고 명심하라…

귀기울여 들어라… 이완하라… 모든 점에서.

육체적으로, 감정적으로, 정신적으로.

당신의 가슴을 녹이고 부드럽게 하라. '지금' 이것을 논리적으로 이해하려는 욕구를 놓아버리고, 당신의 마음에게 배우는 시간을 허락하라.

각 위즈덤 키퍼마다 보게 되는 것:

숫자: 각각의 '위즈덤 키퍼'는 64 개의 원형과 연결되어 있는데, 그것은 주역의 64 괘와 64 개의 '*유전자 키*'를 포함한 주역에서 파생된 체계들과 관련시킬 수 있다.

세개의 단어(앞서 말한 것처럼, 재능과 그림자, 깨어남)와 프로그래밍 파트너: 각 '*유전자 키*'가 프로그래밍 파트너를 가지고 있는 것처럼, 각 '위즈덤 키퍼'도 동반자나 영혼의 친구를 가지고 있다. 그들은 함께 전체성 뿐 아니라 역설도 반영한다.

나는 당신이 직관적으로 그 파트너십을 탐구하며, 그들이 당신을 고무시키는 것을 허락하라고 권유한다. 리차드 러드는 그의 책 '*유전자 키*'에서 재능, 그림자, 깨어남과 프로그래밍 파트너에 대해 자세히 설명하고 있다.

상징들: 각각의 얼굴은 의도적으로, 그 '위즈덤 키퍼'에 의해 구현된 독특한 재능을 보여주는, 보편적이면서 특정한 상징들로 채워져 있다.

위즈덤 스토리: 각 '위즈덤 키퍼'는 원형적이면서도 매우 사적인 이야기를 나눈다. 당신은 '위즈덤 키퍼스'중에서 그 자신만의 고통을 경험하지 않고, 그리고 그림자를 포용하지 않고 현재 그들이 있는 곳에 도달한 자는 아무도 없다는 것을 알게 될 것이다.

당신에게 주는 선물: 각 '위즈덤 키퍼'는 당신에게 지혜와 안내의 선물을 가져다 준다. 그 선물은 가슴에서 곧바로 나오는 말을 통해 전달된다.

명상할 질문: 명상은 당신의 삶에서 심오한 변형을 불러오는 가장 부드러우면서 가장 강력한 방법 중의 하나이다. 당신이 '위즈덤 키퍼스'와 그들의 스토리에 연결되는 것을 도와주고, 실제적인 행동단계들을 통해 그들의 안내를 당신의 삶에 통합하도록 해주는 단순하지만 날카로운 질문들을 제시해 놓았다.

위즈덤 키퍼스는

말한다…

[1] 신선함(Freshness)

신선함의 천재는 이전에 아무도 본 적이 없는 어떤 것을 세상에 가져온다.

재능: 신선함(Freshness)

그림자: 무질서(Entropy)

깨어남: 아름다움(Beauty)

프로그래밍 파트너: 2

~ 리차드 러드

1

나의 위즈덤 스토리

사람들은 내가 얼굴에 함박웃음을 띠고 태어났다고 한다. 그러나, 자라면서 나는 아무런 경고도 없이 갑자기 슬프고 우울해짐을 느꼈고, 그것이 나를 두렵게 했다. 나는 그 저조한 기분이 사라지기를 바랬다. 그래서 그것을 없애려고 애를 썼다. 나는 그것을 피하고, 판단하고, '승화'시키려고 애썼고 그 다음엔 고치려고 노력했다. 예측하려고도 해보았고, 그리하여 나는 그것을 설명하는 데 일가견이 생겼다. 그러나 여전히 나는 그것을 컨트롤할 수 없었다. 우울할 것 같다고 느껴질 때마다 내 허락을 구하지도 않고 어김없이 우울이 찾아왔다.

한동안은 즐겁고 바쁘게 지내면서 그럭저럭 그 고통을 쫓아버릴 수 있었다. 나는 달력과 생활을 사람들과 활동들로 정신없이 바쁘게 채웠다. 그러다가 결국 그 모든 분주함으로 인해 탈진되어 버렸다. 며칠이고, 몇 주고, 심지어 몇 달 동안이나 침대에서 일어나지 못했다. 나의 생명력이 쇠퇴되고 엔트로피에게 점령당해 있는 것처럼 내가 굳어짐을 느꼈다. 나는 나의 느낌들이, 그리고 그런 느낌들을 가지고 있는 내가 뭔가 끔찍하게 잘못되었다고 확신했다. 그리고 내가 살게 될 거라고 생각했던 그 삶을 살지 못하게 슬픔이 계속 나를 방해하고 있다고 확신했다.

어느 날, 완전한 절망 속에서 나는 멜랑콜리와의 싸움과 판단을 포기했다. 그리고 가장 이상한 일이 일어났다. 시간이 지나자 마치 그것이 세상에서 가장 자연스러운 일인 양 하늘에 떠다니는 구름처럼 그냥 우울이 사라졌다. 그리고 나서, 기쁘게도 햇살처럼 나의 창조력이 빼꼼이 고개를 내밀었다.

지금은 혼자 있는 시간, 그냥 단순히 존재하는 시간을 많이 갖는다. 기분이 저조한 순간들을 나는 삶의 자연스런 일부로 본다. 그것들을 너무 분석하지 않고 통째로 받아들인다. 우울해지는 것에 대해 아무것도 하지 않으면 않을수록, 내 속에서 창조적인 방식으로 그 기쁨을 표현하고픈 자연스러운 욕구 뿐만 아니라 생동감과 기쁨이 더 많이 솟아나는 것을 발견한다. 이제 나는 믿는다. 기쁨이 나타나면 '신선함'과 열정을 가지고 튀어나가고, 그리고 나서 나의 창조적인 우르릉거림이 내면으로 나를 잡아당기면 움츠러들어 고독을 즐기는 것이 정말로 나를 건강하게 만든다는 것을. 나는 그런 식으로 최고의 영향력을 발휘한다.

당신에게 주는 선물

당신을 살펴보며 당신의 감정이 가라앉는 것을 볼 때 나는 선천적으로 잘못된 것이 아무것도 없음을 안다. 당신의 현명한 몸이 재충전을 하고 있고, 심오하고 창조적인 무엇인가가 당신의 아름다운 배에서 자라나고 있다. 무엇이 태어나고 있는지 전혀 알지 못한다고 해서 부디 걱정하지 말라. 그냥 최선을 다해서 자신의 느낌들을 허락하고 신뢰하며, '자기 자신과 함께' 하는 시간을 가져라. 금방 당신은 새롭게 회복된 느낌과 함께 신선함과 새로운 관점을 가지고 세상으로 뛰어나갈 준비가 된 것을 느낄 것이다. 당신이 두 팔을 벌려 자신의 슬픔을 깨닫는 법을 배우면 배울수록, 당신 주위에 있는 사람들은 더 기운이 나는 것을 느낄 것이다. 그들은 당신의 영혼 속에서 생명의 빛과 불을 볼 것이다. 기억하라, 당신이 나에게서 보는 그 생기와 아름다움은 당신 속에도 있다는 것을. 당신의 기쁨은 당신이 생각하는 것보다 더 회복력이 강하고 더 전염성을 가지고 있다. 그리고 그 타이밍은 완벽하다. 그러므로 자신이 있는 곳을 받아들여라. 그리고, 당신의 밝은 빛은 항상 가장 감동적인 충격을 줄 수 있는 바로 그 순간에 어김없이 나타나리라는 것을 신뢰하라.

명상할 질문

- 당신은 종종 자신이, 어떤 느낌들을 없애려고 하거나, 판단하거나, 지나치게 분석하는 것을 발견하는가? 이것이 당신의 몸에 어떤 충격을 주는가?

- 무겁다고 느끼고 당신이 떨쳐내려고 가장 애쓰는 느낌은 무엇인가?

- 오늘 이 감정을 느끼며 표현할 수 있는 전적인 허락을 자기 자신에게 허용하는 방법을 찾아보라. 그것에 대해 일기를 써보라; 당신이 신뢰하는 사람과 그것에 대해 나누어라; 그것을 표현한 영화를 보거나 노래를 들으라: 단순한 감정의 콜라쥬를 만들어보라. 무엇을 하든, 간격을 두고 하면서 무슨 일이 일어나는지 보라.

- 오늘 당신의 삶에 좀 더 아름다움을 가져다 줄 수 있는 단순한 행동에는 어떤 것이 있을까?

[2] 방향성(Orientation)

모든 생명체와 하나가 된 자기자신과 더 많이 접촉할 때, 특히 자신의 창조적인 과정을 통해서, 당신은 자신의 독특함 역시 향상되는 것을 보게 된다.

재능: 방향성(Orientation)

그림자: 어긋남, 혼란(Dislocation)

깨어남: 통합, 하나됨(Unity)

프로그래밍 파트너: 1

~ 리차드 러드

나의 위즈덤 스토리

어렸을 때, 나무들은 내 친구였고 동물들은 내 가족이었다. 우리 부족 사람들에게는 모든 것이 연결되어 생명으로 맥동치고 있었다. 하지만 그때 우리 가족은 직선과 작은 상자들로 이루어진 세계로 이사를 갔다. 그후 나는 이질적이고 단절되고 제자리를 벗어난 느낌이 들었다. 내가 가는 모든 방향이 잘못된 것 같았다.

그래서 나는 원주민의 뿌리를 버리고 자연이 아닌 인간 친구들과 돈과 지식을 모으기 시작했다. 심지어 나는 서양 종교를 받아들였고, 마침내 현대 과학을 나의 신으로 선택했다. 내 삶은 구조화되고 질서정연해졌다. 겉으로 나는, 부모님의 혼란스럽고 불합리한 방식을 비웃었다. 그러나 내면에서는 무력하고 혼란스러운 느낌이었다. 그리고 자기 의심으로 가득 차 있었다. 밤이 되면 나는 인류가 자멸하는 악몽에 시달렸다.

한번은, 완전히 길을 잃고 헤매는 느낌 속에서 내 인생을 끝낼 생각을 했다. 그런데 그때 할머니가 돌아가셨다. 그 다음날 밤, 꿈 속에 할머니가 나타나 말했다. "네 뿌리를 거부할 때마다, 아가야, 너는 나와 우리 가족 뿐 아니라 우주 전체를 거부하는 것이란다." 그 꿈이 내게 강력한 뭔가를 했다. 바로 다음날 나는 호주로 돌아가는 여행계획을 세웠다. 그 여행은 우리 가족이 떠나온 이후 나로서는 처음 방문하는 것이었다.

비행기에서 내리는 순간, 오래 전의 느낌이 홍수처럼 밀려왔다. 그것은 마치 그 땅이 내 동맥 속으로 들어와 흐르는 것 같았다, 내 몸은 신뢰하고, 항복하고, 놓아주는 것이 어떤 느낌인지를 기억해냈다. 아이러니하게도, 바로 그 순간에 나는 내 삶을 지배해 온 상실감과 공허감을 끝내기 위해 어딘가로 가야 할 필요가 없다는 것을, 무엇인가를 해야 할 필요가 없다는 것을 깨달았다. 단지 마음 속의 갈망을 알게 되는 것만으로 예기치 못한 창조력이 터져나와 다시 나를 회복하고 방향을 잡기에 충분했다.

이제 나는 온몸으로 내가 어디에 있든 고립되어 있지 않음을, 그리고 기여할 만한 놀랍도록 독특한 무엇인가를 내가 가지고 있음을 알고 있다. 바쁜 도시에서도 나무는 내 친구들이며 내 주변의 모든 것들은 아름다운 교향곡의 일부이고, 거기서 나는 없으면 안되는 독특한 악기를 연주하고 있다.

당신에게 주는 선물

나는 당신에게 방향성의 선물을 주려고 왔다. 당신이 내 눈을 들여다볼 때, 나는 당신에게 우리는 모두 하나라는 가장 심오한 진리를 상기시켜 주고 싶다. 당신과 내가 서로 다르게 보일지 모르지만, 깊은 곳에서 우리는 똑같다. 사람들이 당신을 어떻게 생각할까를 좀 덜 신경을 쓰고, 어떻게 하면 당신이 전체의 자연스러운 일부가 될까 하는 것에 더 많은 신경을 써라. 당신이 내 눈에 항복할 때 동시성의 길에 자신을 열어라. 너무 많이 생각하지 말라. 우리는 모두 하나 속에서 연결되어 있으며, 모든 일은 일어나야 할 때에 일어난다는 나의 확신으로 당신이 삶의 흐름을 벗어나 존재할 길은 없다는 것을 당신에게 다시 확인시켜주고 싶다. 그것은 그냥 불가능하다.

명상할 질문

- 외롭거나 길을 잃은 느낌이거나 조화가 깨진 느낌을 받는가?

- 당신은 끊임없이 당신의 삶을 통제하고 정의하고 관리하려고 애쓰고 있는가?

- 당신은 언제 마지막으로 흐름 속에 있으면서 모든 삶에 연결되어 있는 것 같은 하나라는 심오한 감각을 느꼈는가? 어디에 있었는가? 누구와 함께 있었는가?

- 오늘 그 느낌에 다시 연결하는 간단한 방법을 찾아보라. 자연에서 시간을 보내 보라. 사람들과 노래하거나, 춤을 추며 웃어 보라. 좋아하는 장소에 가서 마음 속에 그 모든 것을 받아들여 보라.

[3] 혁신(Innovation)

당신이, 누구이든, 무엇이든, 어디에 있든, 끊임없이 초월하고 있지 않다면 당신은 죽어가고 있다.

재능: 혁신(Innovation)

그림자: 무질서, 혼돈(Chaos)

깨어남: 순진, 순수(Innocence)

프로그래밍 파트너: 50

~ 리차드 러드

나의 위즈덤 스토리

　모든 아이들처럼, 나는 노는 것을 좋아한다. 간혹 내가 하고 있는 것들이 - 주위의 어른들이 보기에는 - 온통 혼란스럽게 어질러 놓고 있는 것처럼 보일 수도 있다. 그것이 어른들을 긴장하게 만든다. 왜냐하면 나는 놀고 있을 때 무슨 일이 발생할 지, 또는 그것이 어디로 향할 지를 거의 알지 못하기 때문이다. 그러나 나는 그것을 신경쓰지 않는다. 나는 단지 내 자신을 표현하고 모험을 하고 싶을 뿐이기 때문이다.

　나는 실제로 내 환경이 변하는 느낌과 그런 후 다시 그 변화에 의해 변화되어지는 것을 좋아한다. 그리고 항상 나의 가슴은 나의 마음만큼이나 열려 있기 때문에 나는 나처럼 신비를 사랑하는 사람들, 우리가 문제를 해결해 나갈 수 있도록 문제를 만들기를 좋아하는 사람들과 놀기를 좋아한다.

　가끔 친구들이나 혹은 나의 상상과 함께 놀고 있을 때, 괴물 같은 어떤 공포스러운 것이 나타난다. 처음에 우리는 무엇을 하려는 지 모른다. 그리고나서 우리는 손과 머리를 한데 모아 우리 자신과 세계를 구할 근사한 계획을 떠올린다. 그것은 대개 온갖 종류의 물건들과 사람들 그리고 아무도 생각할 수 없는 존재들이 함께 뒤섞여 있다. 아니면 우리는 비명을 지르고, 공중에 손을 흔들어 대고, 괴물들과 춤을 춘다. 어느 쪽이든 우리의 공포는 언제나 어떤 종류의 즐거움으로 변한다.

우리는 저 괴물들이 진짜일까 아닐까, 또는 레이저광선과 솜사탕의 조합이 정말로 괴물을 꼼짝못하게 할까 하는 질문으로 고민하지 않는다. 우리는 놀 때, 그 어떤 것도 걱정하지 않는다. 텔레비전이나, 부모님이나 선생님이 진짜인 것이 무엇인지, 혹은 가능한 것, 혹은 이성적인 것이, 혹은 실용적인 것이, 혹은 그렇지 않은 것이 무엇인지에 대해, 혹은 함께 가는 것과 가지 않는 것에 대해 우리를 납득시킬 수 없었다. 중요한 것은 오직 우리가 세상을 구하는 것이며, 멋진 일을 함께 하는 것이고, 그 과정에서 우리가 즐겁다는 것이다.

당신에게 주는 선물

속지 말아라. 나는 어리지만 현명하다. 나는 완전한, 그리고 모험을 사랑하는 순수한 가슴으로 모든 새로운 시작을 포용할 시간이 될 때 온다. 또한 우리의 이세상에 당신의 기여가 얼마나 강력하고 변형력을 가지고 있는지를 알게 되는 시간에 온다. 나는 변화와 통합, 혁신의 중개인이다. 당신의 눈을 들여다볼 때, 나는 당신이 여전히 삶을 믿지 않는 곳을 발견한다. 당신에게 비밀을 말해 주겠다. 우리 모두는 변화를 위해 만들어졌다. 나의 얼굴에 가득 찬 꽃처럼, 당신 역시 끊임없이 피어나고 시들고, 다시 피어나게 되어있다. 그래서 매번 무질서를 통제하고 피할 필요가 없다. 그렇게 하는 것은 우주 그 자체에, 당신 자신의 영원히 진화하는 본성에 대항해 자신을 방어하려 하는 것과 같은 것이다. 당신이 가지고 있는 이상, 신념, 믿음들이 무엇이든 그것들을 그냥 내버려 두어라. 최소한 이 순간만이라도. 그 대신, 즐겨라. 즉흥적이 되어라. 일어나고 있는 일이 무엇이든 '예'라고 말하라.

그리고 함께 끓이고 있는 스프에 뜻밖의 양념을 더해보라. 그리고 맛이 어떨지 신경 쓰지 말고 그 멋진 과정을 즐겨라.

명상할 질문

- 당신의 인생이 종종 무질서하고 혼란스럽다고 느끼는가? 또는 당신은 항문성격(고지식하거나 인색하고 지나치게 깨끗하거나 반대로 지저분한 경향)으로 항상 통제하려고 하는 경향이 있는가?

- 혼란에 직면했을 때, 당신은(그리고 당신의 몸은) 어떻게 반응하는가?

- 당신은 내적인, 혹은 외적인 변화를 두려워하는가?

- 만약 당신이 미지의 것을 만나 저항하는 대신 친구가 된다면, 당신이 다르게 행동했을 것은 무엇인가?

- 당신의 삶에서 자신이 순수한 아이라고 느꼈던 시간과 접속해보라.

- 당신을 기다리는 새로운 모험은 무엇인가?

- 당신의 삶에서 혁신을 요청하고 있는 부분은 어디인가?

[4] 이해(Understanding)

진정한 이해는 마음의 영역 밖에 있다.

재능: 이해(Understanding)

그림자: 무관용, 편협(Intolerance)

깨어남: 용서(Forgiveness)

프로그래밍 파트너: 49

~ 리차드 러드

나의 위즈덤 스토리

나는 예리한 마음이라는 축복과 저주를 받고 이 세상에 태어났다. 지금의 나를 봐서는 모르겠지만, 어린시절의 나는 항상 모든 것을 이해하기 위해 열심히 노력했다. 내가 왜 그런 식으로 느끼는 지, 그리고 편견이라도 상관없이 왜 나의 감정을 믿고 행동해야 하는 지, 그 이유들을 파헤쳤다. 나의 마음은 끊임없이 무엇인가를 씹고, 설명하고, 정당화하고, 꼬치꼬치 트집을 잡고 있었다. 나는 점점, 단순하게 이해하고 있는 것처럼 보이는 사람들, 혹은 나와 세계관이 다른 사람들을 참을 수가 없어졌다.

가끔 내 마음 속에서 일어나는 논쟁과 반론에 내 스스로 탈진이 되어 몸에서 에너지가 완전히 빠져나갔다. 그럴 때 겉으로 보이는 나의 무관심 속에는 깊은 불안감이 존재했다. 사실 질문에 대한 논리적인 대답을 찾지 못하면 나는 끔찍할 정도로 불안해했다.

생각이 내 삶을 지배하던 때였다. 그때는 나의 마음이 나의 욕망을 충족시킬 수 있다고, 두려움을 없애 줄 수 있다고, 내가 원하는 평화와 안전을 줄 수 있다고 믿던 때였다.

나의 관점을 방어하는 것을 멈춘 후에야 비로소 나는 삶의 불확실함을 완전히 받아들일 수 있었다. 그것은 내가, 진정한 이해는 지적인 지식과 아무 상관이 없고, 오히려 온몸으로 받아들여 가슴을 열도록 되어있다는 것을 발견했을 때였다.

지금 나는 내 관점을 지키기 위해 한쪽 편만 고수하거나 내 관점을 방어하느라 귀중한 에너지를 낭비하지 않는다. 나는 모든 면에서 상황전체를 보는 것을 즐긴다. 나는 기쁜 마음으로 내 마음의 총명함을 사용하여 사람들이 자신의 편견과 편협함의 한계를 뛰어 넘도록 도와주고, 그들이 더 큰 그림을 볼 수 있도록 돕는다. 결국 마음의 진정한 목적은 가슴에 용서를 가져다주는 것이다.

당신에게 주는 선물

당신을 보며, 당신이 자신의 삶을 이해하려고, 자신의 의견을 가지려고, 혹은 자신의 감정을 지키려고 애쓰는 것을 볼 때, 나는 사랑과 인내로 당신을 기다린다. 나는 당신의 마음이 가장 잘하는 것을 하는데 당신의 그 멋진 마음을 쓰라고 초대하기 위해 여기에 있다. 마음으로 하여금 일하고 연구하고, 소통하며 우리의 이 세계에 봉사하게 하자. 연민의 다리를 만들게 하고, 사람들을 도와서 편견과 편협함에서 벗어나는 법을 배우게 하고, 더 큰 그림을 보고 축하할 수 있도록 사람들을 도와주게 하자. 나는, 어느 시점이 되면, 당신의 열심히 일하는 마음은 다 소진되고, 당신은 새로운 존재방식으로 깨어날 것이며, 그리하여 진정한 이해가 당신의 배를 채우고 당신의 가슴에서 발산될 것을 알고 믿고 있다. 지금은, 당신이 자신을 용서하는 것으로 시작하라고 부탁한다. 머지않아 당신은, 당신의 바쁜 마음이 생각하는 것보다 당신자신이 - 그리고 거대한 세상전체가 - 훨씬 더 가치 있고 훌륭하다는 것을 더 이상 의심하지 않을 것이다.

명상할 질문

- 지나치게 생각하거나 트집을 잡거나 우유부단함으로 마비되는 경향이 있는가?

- 당신이 그냥 이해해야만 한다고 느끼는, 혹은 긴장을 풀 수 없다고 느끼는 어떤 것들, 어떤 상황들, 어떤 사람들이 있는가?

- 어떤 상황에서 사람들에게 편협해지는 자신을 발견하는가? 자신의 가슴을 닫은 것에 대해 당신자신을 (다른 사람들을) 용서할 수 있는가?

- 진정한 이해나 용서를 경험한 때를 생각해 보라.

- 자신이 가슴으로 생각하고 있던 때를 당신은 어떻게 말하겠는가? 일기를 쓰면서 이 질문들을 깊이 생각해보라.

[5] 인내(Patience)

인내는 신뢰에 대한 것이다. 만약 삶을 믿는다면, 당신은 모든 순간에서, 심지어 힘든 순간들에서도 삶을 믿게 될 것이고, 그렇게 함으로써 당신은 언제나 삶의 흐름 속에 있게 될 것이다.

재능: 인내(Patience)

그림자: 성급함(Impatience)

깨어남: 영원, 시간이 사라짐(Timelessness)

프로그래밍 파트너: 35

~ 리차드 러드

나의 위즈덤 스토리

어렸을 때, 나는 언제나 서둘렀다. 나는 호흡이 얕고 신경이 날카로웠다. 겉으로 보기에 어떻든 안에서는 항상 뭔가 잘못되었다고 느꼈다. 나는 작은 식료품가게를 가지고 있었지만, 내 시선은 더 큰 어떤 것을 바라보고 있었다. 나는 내가 일들을 벌이지 않는다면, 아무 일도 일어나지 않을 것이라 믿었다. 나의 운명은 전적으로 나에게 달려 있었다. 시간은 달아나고 있었고, 나는 실패하고 있었다.

가게를 키우려고 필사적이 되어 초조해하며 밀어붙였던 시간들이 있었다. 너무 밀어붙여 직원이 그만두게 되었고, 공급자들은 나와 일하기를 거부했고, 고객들은 오지 않았다. 절망 속에서, 나는 비관적인 생각에 사로잡혀 아무리 열심히 노력해도 내가 해결할 수 있는 것은 아무것도 없다고 믿었다.

그러던 어느 날 저녁, 나는 혼자 앉아서 다 포기해야 할지를 고민하고 있는데, 어떤 온화한 노인이 문을 두드렸다. 그는 한 손에 주역을, 다른 손에는 너무나 아름답게 빛나는 작은 나무를 들고 있었다. 나는 노인을 안으로 들어오게 했고, 우리 둘은 같이 앉아 몇 시간을 이야기했다. 나는 시간이 가는 줄도 몰랐다. 그 다음에 내가 안 것은, 내가 노인의 제자가 되어 분재와 주역점을 칠 수 있는 신성한 기술을 배우는 것에 동의하고 있다는 것이었다.

그것은 오래 전의 일이었다. 지금 나는 내가 인내심을 배우는 데 얼마나 많은 인내심이 들었는 지 인정하면서 웃을 수 있다. 얼마나 여러 번 나의 스승님이 내게 속도를 늦추고, 깊이 심호흡을 하고, 내 삶에서 벌어지는 일이 무엇이든 간에 받아들이라고 나를 일깨워 주었던가. 조종하거나, 정복하거나 무너질 필요가 없었다. 스승님은 자연과 계절의 흐름을 소중히 여기라고 가르쳤다. 그리고 비슷하게 내 영혼 속에서 살아 움직이고 있는 완벽하고 규칙적인 리듬도 소중히 여기라고 가르쳐 주었다.

음은 언제나 양으로 변하고, 양은 언제나 음으로 변한다. 인내는 보답을 해주었다. 나의 스승님과 분재나무들은 나에게 삶을 신뢰하는 것을 가르쳐 주었고, 매 순간을, 가장 힘들고 가장 고통스러운 순간까지도 존중하는 법을 가르쳐 주었다. 지금 나의 삶은 단순하다. 그리고 나는 종종 시간이 사라진 더 없이 달콤한 상태를 즐긴다.

당신에게 주는 선물

당신의 어깨를 활짝 펴고 호흡의 긴장을 풀 시간이다. 고요해져라. 당신의 심장소리를 들어보라. 지금 당장 당신이 해야 하는 일은 없다. 삶은 아주 똑똑하다. 삶의 타이밍은 나무랄 데 없다; 언제나 당신을 위한 최선이 무엇인지 알고 있다. 그리고 나의 친구여, 당신은 당신 주위의 모든 이와 모든 것들과 영원히 연결되어 있으면서 '생명'의 복잡한 일부를 이루고 있다. 나는 우연히 일어나거나, 혹은 어떤 선물을 내포하지 않고 일어나는 일은 없다는 것을 당신에게 상기시켜 주기 위해 여기 있다. 기차가 늦어 생각지도 못한 사람을 만날 수도 있다. 개인적인 위기가 치유의 기회를 낳을 수도 있다.

개인의 고통이 집단의 변화를 일으킬 수 있다. 그리고 모든 것은 완벽한 타이밍에 일어난다. 그러니 또 한번 심호흡을 하고, 방해하지 말고 길에서 비켜라. 그리고 인내와 친구가 되어라. 당신의 영혼은 그것에 대해 당신에게 고마워할 것이다.

명상할 질문

- 당신의 삶 어디에서- 그리고 누구와 함께 있을 때- 당신은 가장 성급함을 느끼는가?

- 만약 당신이 삶의 타이밍과 그리고 우연히 일어나는 것은 아무것도 없다는 것을 완벽히 믿는 다면, 당신의 생각들, 느낌들, 태도들 그리고 관계들이 어떻게 변할까? 무엇을 당신은 다르게 할 것인가? - 혹은 하지 않을 것인가?

- 시간이 사라진 느낌을 경험했던 마지막 시간을 떠올려 보라. 당신은 어디에 있었는가?

- 당신이 오늘 더 많이 존재하고, 덜 서두를 수 있는지(그리고 덜 걱정할 수 있는지)보라. 만약 불편한 느낌을 경험한다면, 자신에게 말해보라, "나는 모든 인류를 위해 이 느낌을 받아들이고 있다."

[6] 외교적 수완(Diplomacy)

감정적 성숙이란 가장 깊은 감정적 상태 동안에도 당신의 자각이 작동된다는 의미이다.

재능: 외교적 수완(Diplomacy)

그림자: 충돌, 갈등(Conflict)

깨어남: 평화(Peace)

프로그래밍 파트너: 36

~ 리차드 러드

나의 위즈덤 스토리

내가 자란 곳에서는 비극과 폭력이 우리가 아는 전부였다. 우리 민족 사람들은 대대로 정신적 트라우마와 상처를 가지고 있었고, 어디에나 갈등이 만연해 있었다 - 서쪽과 동쪽, 과거와 현재, 부유한 자와 가난한 자, 그리고 남자와 여자.

어린 소녀로서, 나는 힘이 없었다. 세상에서 목격하는 부당함에 대해서도, 집에서 발생하는 학대에 대해서도 나는 큰소리로 말할 수 없었다. 언제나 공격에 대한 두려움에 떨며, 내 몸은 끊임없는 긴장 속에 있었다. 외적으로, 나는 지나치게 신중했다. 중재자였다. 어떤 갈등의 조짐 속에서도, 나는 부드럽게 그 물결을 빠져나갔다. 그러나 내면에서는, 긴장하며 불안해했다. 나는 모든 남자들을, 그리고 나와 다른 사람들을 두려워했다. 나는 내 가슴 주위에 벽을 세웠다.

한번은 내가 이성을 잃고 마구 소리쳤다. 나는 아버지를 폭력배같다고 비난하고, 어머니를 희생자라고 비난하고, 우리민족을 못살게 군다고 모든 나라를 비난하고, 그걸 그대로 내버려 둔다고 우리민족을 비난했다. 요령없는 말들을 나는 칼처럼 휘둘렀다. 그후 몇 주를 자책하며 죄책감과 두려움에 차서 용서를 빌고 모든 이들에게 연신 고개를 숙이며 보냈다. 그러나 끊임없는 굽신거림은 무자비한 비난처럼 상황을 더 악화시킬 뿐이었다.

나의 큰 고모로부터 지역 평화모임에 초대를 받고 나서야 이 모든 것이 변했다. 나는 남자와 여자가 모여 앉아 그렇게 열린 마음으로 솔직하게 서로 존중하며 귀기울여 듣고, 서로를 지원하고 격려하는 것을 본 적이 없었다. 그들은 방어적이지도 않았고 반발적이지도 않았다. 그리고 처음으로 나는 내 모든 생애 동안 갈망해 왔던 평화와 사랑을 경험하게 되었다. 안전하게 감싸주는 고모의 품에서 나는 방어를 멈추었다. 나는 드디어 나 자신과 사람들로부터 숨겨왔던 나의 고통과 무기력 그리고 외로움을 대면했다. 나는 여러 해 동안 이 조직의 리더가 되었다. 그리고 이제 나는 내가 가는 곳마다 저절로 평화가 생겨나는 것을 본다.

당신에게 주는 선물

나는 당신의 방어막들을 허물라고 당신을 초대하기 위해 여기 있다. 방어자세를 풀고 가드를 내려 놓으라. 당신 내면의 악마들을 보고 느끼고 받아들이기를 거부함으로써 당신 자신의 인간성에 저항하여 싸우는 것을 멈추어라. 당신의 친밀한 관계들 속에서 그리고 세상 속에서 진실을 피하거나 억누르지 않고도 감정적 물결들을 잠재울 수 있는 방법이 있다. 평화를 위한 넘을 수 없는 벽들을 해체시키는 방법이 있다. 행동할 때가 언제인지, 말할 때가 언제인지, 그리고 강력하게, 그러면서 가슴으로 말하는 법이 무엇인지 정확히 아는 방법이 있다. 평화와 외교의 진정한 길은 자신의 약점을 두려움없이 바라보며 수용할 것을 요구한다. 당신의 가장 깊은 감정으로부터 자신을 방어하지 말라. 그러면 자신의 타이밍과 소통과 관계들이 향상되는 것을 볼 것이다. 자연스럽게, 사람들은 당신에게 비밀을 털어놓고 싶어할 것이고, 당신은 감정적으로 가장 불안정한 상황들에서도 무엇이 필요할 지를 감지할 것이다. 당신의 존재 그 자체가 관계나 방 안의 에너지를 갈등에서 평화로 바꿀 수 있는 힘을 가지고 있다.

명상할 질문

- 당신은 중재를 통해서 불편한 감정들을 피하는 경향인가, 아니면 과잉반응이나 갈등을 악화시킴으로써 불편한 감정들을 피하는 경향인가?

- 당신의 삶에서 현재 갈등이 진행되고 있는가, 아니면 방어가 필요하다고 느끼고 방어막을 세우고 있는 곳이 있는가?

- 당신이 어떤 사람들을 만족시키기 위해 그렇게 열심히 일하는 것을 멈춘다면, 일어날 것이라고 두려워하는 일은 무엇인가?

- 당신은 자신의 감정들에 대해 어떻게 좀 더 책임을 질 수 있을까? 그리고 그것들을 좀 덜 반발적으로, 좀 더 열린, 정직한 방식들로 표현할 수 있는 방법은 무엇인가?

- 당신 삶에서 외교술이 많이 필요한 곳은 어느 분야인가?

- 오늘 당신의 삶에서 평화를 조성할 수 있는 간단한 방법은 무엇인가?

[7] 지도, 인도(Guidance)

진정한 리더는 가장 귀기울여 듣는 자이다.

재능: 지도, 인도(Guidance)

그림자: 분열, 분리(Division)

깨어남: 덕(Virtue)

프로그래밍 파트너: 13

~ 리차드 러드

나의 위즈덤 스토리

어렸을 때, 나는 평화를 사랑하는 우리 부족의 장로들을 신뢰하고 존경했다. 내가 성장했을 때 우리 부족 사람들은 바깥세계로부터 더 많은 억압을 받았고, 불에는 불로 싸울 때라고 믿는 새로운 지도자들이 나타났다.

처음에, 나는 숨었다. 나는 조상들의 평화로운 길을 유지해 온 장로들에게 나의 권한을 넘겨주었다. 그러나 우리 공동체가 계속해서 공격당하자, 나는 다시 저항해서 싸우는 지도자들에게 나의 권한을 넘겨주었다. 나는 그 지도자들이 점점 우리의 적들처럼 되어가고 우리 마을에 분열이 커지는 것을 보았다. 그리고 나는, 나의 생각이 무엇인지, 혹은 내가 어떻게 느끼는지에 대해 묻는 것을 전혀 고민하지 않는 독재자 타입의 지도자들에게 나의 힘을 넘겨주는 데 지쳤다. 나는 사람들이 제대로 하기를 기다리는 것에 지쳤다. 그래서 나는 앞으로 나서서 지도자가 되었고, 내 부족사람들과 함께 어디서든지 정의를 위해 싸웠다.

몇 년 동안, 많은 추종자를 이끌었다. 항상 나는 정의의 편에 서있다고 믿었다. 그리고 여태껏 느끼지 않았던 분노에 힘입어 내 속에서 깊은 야망이 자라났다. 어느 날 나는 내 말에 귀를 기울이지 않는다고, 혹은 나의 조언을 듣지 않는다고 젊은 여성을 꾸짖었다. 그녀의 눈물은 내가 길을 잃었음을 나에게 보여주었다. 그날부터, 나는 이끄는 것을 멈추고 듣기 시작했다. 나는 모든 부족 사람들이 현명하며 모두가 우리 부족의 길에 중요한 기여를 할 수 있음을 발견했다.

오늘 나는 더 이상 압제에 대한 두려움이나 외부로부터의 인정에 대한 욕구로 움직이지 않는다. 나는, 모든 사람들이 내가 이끌어가는 방식이나 내가 하는 일을 왜 하는지 이해해주는 것을 필요로 하지 않는다. 지금 나를 움직이는 것은 봉사에 대한 깊은 사랑과 건강하고 자유롭고 자율적인 개인이 없이는 건강한 공동체도 없다는 믿음이다.

모임을 지도할 때, 나는 되도록이면 간섭을 하지 않는다. 그리고, 모든 사람들에게서 각자의 지혜와 선물이 자연스럽게 표면으로 떠오르는 것을 지켜본다. 모임에서 내가 나의 안건을 밀어붙이지 않으면 않을수록 소통은 깊어지고 행동은 더욱 변화를 일으킬 수 있으며, 더욱 부드럽게 이상이 실현된다. 우리가 미래로 나아갈 때 나와 같은 지도자가 점점 더 많아질 것이다. 나는 이것이 사실임을 안다. 따라서 나는 이런 격동의 시간들 속에서도 인류를 신뢰한다.

당신에게 주는 선물

나는 진정한 리더십은 강제적으로 안건을 강요하거나 타인의 삶을 간섭하는 것이 아니라는 것을 공유하기 위해 여기에 있다. 그것은 무대 뒤에서 힘을 실어주는 사랑이다. 억압에 대한 두려움이나 권력에 대한 욕구에 의해서 움직이지 말고, 봉사에 대한 깊은 사랑으로 움직여라. 나는 진정한 인도를 당신에게 알려주기 위해 여기에 있다. 나는 당신 안의 현명하고 자유로운 지도자를 인정하기 위해, 그리고 당신 자신의 방향을 신뢰하도록 도와주기 위해 왔다. 나는 귀기울여 듣고 있다.

명상할 질문

- 어디, 또는 누구에게 당신의 힘을 넘겨주고 있는가? 어디에서 계속 숨고 있는가?

- 당신에게 자신들의 힘을 넘겨준 사람들은 누구인가? 그 힘들을 돌려줄 시간이 되었는가?

- 당신이 자신의 안건을 밀어붙이고 있는 삶의 영역이 있는가? 당신은 사람들의 필요에 기꺼이 좀 더 깊이 귀를 기울이는가?

- 당신이 이 세상에 봉사하는 것을 좋아하는 가장 큰 이유는 무엇인가?

- 당신의 친절한 인도를 지금 필요로 하는 곳은 어디인가?

- 당신의 삶에서 사람들을 강하게 해주는 지도자, 자비롭고 의로운 지도자로 행동하는 누군가를 떠올려 보라. 이 사람에 대해 당신이 가장 좋아했던 자질은 무엇인가? 그 가운데 하나를 선택하여 오늘 당신의 존재 방식, 듣는 방식 그리고 행동 방식에 의식적으로 통합해 보라.

[8] 스타일(Style)

스타일은 표면적인 것이 아니다. 스타일은 창조의 최첨단 그 자체이다.

재능: 스타일(Style)

그림자: 평범함(Mediocrity)

깨어남: 매우 아름다움(Exquisiteness)

프로그래밍 파트너: 14

~ 리차드 러드

나의 위즈덤 스토리

어린 소녀였을 때 나는 어디를 가든 항상 노래를 불렀다. 내안에서 저절로 솟아나는 음악으로 나는 가득 차 있었다. 엄마는 나를 혼자서 키우셨다. 엄마는 귀가 들리지 않아서 내가 노래하는 것을 들을 수 없었다. 그러나 같이 외출할 때 엄마는 사람들의 얼굴에서 놀라움과 불쾌함을 보았다. 엄마는 적절하게 처신하기 위해 엄청나게 애를 쓰며 살아왔기 때문에 나의 노래에 당혹감을 느끼고 걱정했다. 그래서 엄마는 우리가 외출할 때면 내 입을 다물게 했다. 그리고 나를 노래가 금지된 학교에 보냈다. 본능적으로 나는 엄마가 나를 보호하려 한다는 것을 이해했다. 나는 엄마를 사랑했다. 그래서 나는 나의 목소리를 삼키고 사람들과 섞이는 법을 배웠다.

나는 여느 사람들처럼 되었다 - 즐거운 학생, 위협적이지 않은 급우, 순종적인 딸과 평범함의 본보기. 나는 그 모든 규칙을 따랐다. 선생님들은 나를 좋아했고, 엄마는 나를 자랑스러워했다. 그리고 젊은 처녀가 되었을 때, 나는 내가 원해야 된다고 배운 그 모든 것을 가졌다. 세상에서 우러러보는 든든한 지위, 매니큐어를 바른 손톱, 최신 패션들, 존경받는 직업.

그러나 그것은 모두 인위적인 것들이었다. 두 번째 결혼이 파탄났을 때, 더 이상 나는 진실을 외면할 수 없었다. 나는 행복하지 않았다. 덫에 걸린 느낌이었다. 내 자신이 나무토막 같았다. 겉으로는 빛나 보였지만 나의 삶은 시시했다. 진짜로 빛나는 것은 아무것도 없었다. 그러다가 보통 때 같으면 전염병처럼 피해다니던 온갖 종류의 사람들로 가득찬 어느 공원을 빠르게 걷고 있던 내 자신을 발견했다. 사람들이 빙 둘러서서 춤을 추고 드럼을 치고 있었다. 그들은 남의 시선을 신경쓰지 않는 것 같았다. 누군가가 내 손을 잡았고, 나는 내가 원 가운데로 뛰어드는 것을 보았다. 그리고 다음 순간, 나는 내가 눈을 감고 몸을 흔들며 나의 목소리가 울려 퍼지기 시작하는 것을 알았다. 나는 다시 살아있음을 느꼈다. 나는 너무 행복했지만 박수소리를 듣자 겁이 났다.

그것은 오래 전의 일이었다. 그날 내가 경험했던 그 용기를 통합하고, 실패와 성공에 대한 나의 두려움을 뚫고 행동하기까지는 여러 해가 걸렸다. 지금은 당연히 반항적인 나의 영혼이 나를 움직일 때마다 어디서든지 항상 노래를 부른다. 그리고 나는 그저 노래를 부르는 것처럼 생각도 자유롭다.

당신에게 주는 선물

당신 속에는 들어주기를 갈망하는 어떤 목소리가 있음을 나는 직감적으로 알고 있다. 나는 당신이 사람들과 섞이는 것에 대한 걱정을 그만둘 수 있는 용기를 주기 위해 여기에 있다. 감히 최초가 (오리지널이) 되어라. 그저 유행을 쫓는 사람이 되지 말라. 명분을 가진 반항아가 되어라. 자신만의 스타일을 받아들이고, 내면 깊은 곳에서 그 스타일을 끄집어 내라. 다른 사람들이 미쳤다거나 너무 과하다고 생각하는 일을 하고 있는 당신을 볼 때, 나는 온전한 정신이라고 생각하는 사람들만큼이나 당신이 온전한 정신임을 안다. 그냥 가까이 오고 싶어하지 않는 사람들이 있을 것이다. 그것이 얼마나 고통스러운지 나는 이해한다. 그러나 나는 약속한다. 당신의 스타일에 영감을 받아서 진짜를 알게 되는 사람들도 있을 거라는 것을, 그러므로 부디 비주류에 속하는 것을 편하게 받아들여라. 때가 되면 세상이 당신을 따라올 것이라는 것을 믿어라. 당신의 열정이 무엇이든 간에 그 열정이 숨쉴 수 있게 하라. 그것을 자유롭게 풀어놓으라. 그리고 오로지 찬란한 아름다움만을 기대하라.

명상할 질문

-어떤 식으로 당신은 사람들과 섞이는 법, 다른 사람들과 같아지는 법을 배웠나?

-어디에서 당신은 여전히 사람들과 섞여 있으면서 속으로는 뛰쳐나가기를 바라고 있는가?

- 다른 사람들이 당신을 어떻게 생각할까 걱정하지 않았다면 당신은 무엇을 하고 싶었는가?

- 위험을 무릅쓰고라도 해보고 싶은 열정이 있지만 실패를 (혹은 성공을) 두려워하고 있는가? 당신의 두려움은 무엇인가?

- 어디에서 당신은 지지와 격려를 받을 수 있는가?

- 어떻게 당신은 자신의 개인적 스타일, 창조적 스타일을 무마시키고 타협하는가?

- 다음 문장을 완성하라. "내 자신의 절묘한 아름다움 속에 있을 때 나는 ...... 이다". 원하는 만큼 몇 번이고 반복해서 읽고, 떠오르는 것을 일기장에 적어 보라.

[9] 결단(Determination)

가슴으로 행한 그 모든 작은 행위들은 차곡차곡 쌓여서 결국은 멈출 수 없는 내적 추진력이 된다.

재능: 결단(Determination)

그림자: 관성, 타성, 무기력(Inertia)

깨어남: 무적, 불패, 확고(Invincibility)

프로그래밍 파트너: 16

~ 리차드 러드

나의 위즈덤 스토리

나는 언제나 내가 여신이 되기로 되어 있다는 것을 알고 있었다. 그러나 그 강렬한 부름과 완벽한 로맨스를 찾는 걸 기다릴 수 가 없었다. 나는 내 목표를 얻기 위해 필요하다고 들었던 평범한 단계들을 무시했다. 그런 것들은 시시하다고 생각했다. 나는 초조해하며 지금을 뚫고 미래로 가기 위해, 흥미진진한 방향(그리고 관계)으로만 잇달아 내 자신을 내던졌고, 매번 내 꿈들이 즉각 실현되기를 기대했다. 그리고 그렇게 되지 않았을 때는, 재빨리 매혹적인 새로운 비전으로 전환했다.

수 년 간, 나는 쉬지 못하며 안절부절했다. 허니문이 끝나는 순간, 관계를 떠나 버렸다. 나는 의미없는 행동들로 점점 더 시간을 허비하는 내 자신을 발견하고 너무나 의기소침해져서 꿈들을 포기하고 '평범한 삶'에 안주했다. 제트기를 탄 마법사와 전 세계를 여행하는 대신, 나는 친한 친구와 결혼을 해서 가정주부가 되었다. 가족을 사랑했지만 나의 삶은 참기 어려울 정도로 평범해져 버렸다. 나는 작고 하찮은 순간들을 제대로 평가하지 못했고, 무기력함에 빠졌다. 끝없는 일들과 책임들이 나를 삼켜버렸고, 내 삶은 희망과 열정이 텅 빈 것처럼 느껴졌다.

아이들이 커가면서, 재정적인 여유가 생겼고, 나의 오래된 꿈들을 생각나게 하는 일들이 불쑥불쑥 튀어나왔다. 그러나 나는 재빨리 그것들을 떨쳐버리며, 엄마와 여신은 동시에 할 수 없다고 그럴 듯하게 나자신을 납득시켰다. 게다가 나는 한가지에 집중하지 못했고, 나의 안전지대를 떠나는 것을 주저했다. 그러던 중, 어머니의 날에, 가족들이, 여신의 표상을 주렁주렁 단 옷을 입고 붓을 든 채 웃는 아이들에게 둘러싸여 있는 나를 그려 주었다. 가족들은 그 그림을 여신 캠프라고 불렀다. 나는 아이들의 사랑스런 얼굴을 들여다보다가, 전구가 켜지듯, 내가 해야 할 일이 무엇인지 알았다. 물론, 캠프를 세우고 그 캠프를 운영하는 데는 시간이 걸렸고, 수없이 작은 매력없는 단계들과 노력이 필요했다. 그러나 이제 나는 각 단계를 거대한 모험의 필수적인 부분으로 경험한다. 그리고 이보다 더 만족스러울 수가 없다.

당신에게 주는 선물

아무리 평범해 보일지라도 당신이 하는 모든 것에 당신의 가슴을 다시 데리고 올 시간이다. 기억하라, 의지의 모든 움직임은 하나의 마법적 행동이다. 진정한 결단은 힘이나 투쟁에 대한 것이 아니다. 그것은 자신의 가슴의 욕구에 당신의 기반을 두는 것에 관한 것이다. 이것은 한번에 하나씩 사랑이 가득찬 행동, 자연적인 추진력을 쌓아가는 것에 관한 것이다. 아마도, 어떤 일을 시작할 때, 내면적 주저함이 있거나 습관적으로 다른 곳으로 벗어난다면, 당신은 약간의 의지를 강력하게 주장해야 할 필요가 있을 것이다. 그러나 일단 당신이 움직이기 시작하면, 우주 전체(당신의 몸을 포함한)가 당신을 만나러 일어날 것이고, 당신은 오로지 항복하기만 하면 된다. 곧 당신은 당신 삶의 모든 순간과 당신의 가장 깊은 꿈들이 연결되어 있음을 보게 될 것이다. 그러므로 자신의 가슴의 소리에 귀를 기울여라. 실제적인 것, 혹은 아름다운 것을 우선시하라. 그리고 그 나머지는 내버려두라. 그것은 그토록 단순하다.

명상할 질문

- 당신은 평범함 속에서 길을 잃은 느낌을 받는 경향이 있는가? 또는 그 평범함에서 탈출하려는 시도를 하는 경향이 종종 있는가?

- 당신의 삶에서 좀 더 움직임을 원하는 곳은 어디인가? 당신의 무기력함을 부수고 움직일 수 있게 도와주는 사람은 누구인가?

- 만약 꿈과 연결이 끊어졌다면, 오늘 아름다움과 함께 시간을 보낼 3 가지 방법을 찾아보라. 몸을 움직여라.

- 만약 당신이 실제적인 것을 미친 듯이 피해 왔다면, 그것을 완성하기 위한 세가지 단순한 작업들을 골라보라. 그리고 그것들 안에서 마법을 찾아보라. 그리고 나서 편안한 휴식을 취하라.

- 그 누구도 당신을 꺾을 수 없다고 느낀 때는 언제인가? 그것이 어떤 느낌인지 기록 (또는 낙서) 해보라.

[10] 자연스러움 Naturalness

일단 당신의 존재가 자신의 이름이나 자신의 행위, 느낌, 생각이나 신념이 아니라는 것을 이해한다면, 인간의 본질은 당신이 생각한 것보다 훨씬 더 크고 광대한 것임을 깨닫게 될 것이다.

재능: 자연스러움(Naturalness)

그림자: 자기집착(Self-Obsession)

깨어남: 존재(Being)

프로그래밍 파트너: 15

~ 리차드 러드

나의 위즈덤 스토리

  나의 부모님과 나의 문화에서는 항상 개인보다 집단이 먼저였다. 어린 소녀일 때 이미 나는 자기부정과 사람들 눈에 띄지 않는 기술을 마스터했다. 나는 내 주위의 사람들을 통해서 - 그리고 그들을 위해서 - 살았다.

  시간이 지나자 나는 물에 빠져 죽어가고 있는 것처럼 숨을 쉴 수 없는 느낌이 들기 시작했다. 마침내, 더 이상 참을 수 없는 분노가 속에서 치밀어 올랐다. 문득 내 존재가 없는 삶은 더 이상 살 수가 없었다. 내가 살기 위해서는 어떤 대가를 치르더라도 나의 가족과 조건화를 거부할 수 있어야만 했다. 나는 더 이상 나자신을 잃어버리는 위험을 감수할 수 없었다. 그리하여 나는 나자신에 대한 강박증에 사로잡혔다. 나는 나를 알고 싶었고, 내가 되고 싶었고, 나처럼 옷을 입고 싶었고, 나처럼 행동하고 싶었고, 심지어 나같은 성령에게 기도하고 영성체를 하고 싶었다. 나는 진정한 개인이 되는 법을 알려주기를 기대하면서 서양인들을 쳐다보았다.

  나는 내가 되는 것에 아주 능숙해져서 아무도 내 자아의 요새, 내 마음을 뚫을 수 없었다. 나는 내 존재방식이 다른 사람들에게 어떤 충격을 줄지에 신경을 쓰거나 관심을 가질 여유가 없었다. 나는 대부분의 사람들은 나를 바꾸려고 하거나 덫에 걸리게 만들려고 한다고 믿었다. 그렇지 않은 사람들은 스스로를 바꾸느라 바쁘거나.

나의 모든 관계들이 산산조각난 뒤에야 비로소 나는 내가 얼마나 자아도취에 빠져 있었는지 깨달았다. 내가 얼마나 화를 내고, 편집증적이고, 자신을 꽁꽁 싸매고 있었는지를, 그리고 나자신을 잃어버릴까봐 두려워하면서 얼마나 사람들을 밀어내고 있었는지를 알게 되었다. 이것을 인정하고 바라보는 데는 용기가 필요했다. 지금은, 삶에서 자신의 길을 발견하고 자신의 진정한 본성대로 살려고 애쓰면서 괴로워하는 모든 존재들과 나자신에 대해 커다란 연민을 느끼고 있다. 내가 살아오면서 모아온 모든 정체성의 올가미를 놓아버릴 만큼 안전함을 느끼기까지는, 그리고 나의 진정한 본성은 모든 개념을 넘어서 있다는 것을 완전히 이해하기까지는 몇 년이 걸렸다.

독특하고 자연스러운 자기자신이 되는 것을 스스로 허락할 때만이 우리는 개체로서 작동하며 삶을 경험할 수 있다는 것을 이제 나는 안다.

당신에게 주는 선물

나는 자기자신을 알려고 애쓰는 당신을 보고 있고, 이 너무나 인간적인 질문에 답한다는 것이 얼마나 어려운 일인지도 알고 있다. 자기자신을 찾아가는 동안 그 여정을 즐길 것을 잊지 말라. 그것을 모두 그냥 놓아버릴 수 있는 시간이 올 것이다. 결국 당신은 자신이 하는 일도 아니고, 자신이 아는 지식도 아니다. 당신은 자신의 생각이나 느낌, 신념이 아니다. 당신의 외모나 직업도 당신이 아니다. 시간이 지나고 이러한 진실이 충분히 이해가 되면, 그리고 자신의 삶과 논쟁을 멈추면, 점점 더 안정이 되고, 중심이 잡히고, 기쁨이 넘치는 것을 알게 될 것이다. 더욱 더 느긋하고 자유롭고,

편안해질 것이다. 당신의 가슴 속에 무엇이 있든지, 당신이 행동하거나 표현하고자 하는 것이 무엇이든 간에 저절로 '자연스럽게' 당신에게서 나올 것이다. 내가 여기 있는 이유는, 당신이 생각하는 것보다 당신은 훨씬 더 눈부신 존재라는 것을 일깨워 주기 위해서이다. 그리고 우리 모두가 일부분인 장엄한 정원에서 당신의 진정한 본질은 꽃을 피우고 기여하게 될 거라는 것을 당신에게 일깨워 주기 위해서이다. 정중하게 절하고, 자기만의 길에서 물러나라, 그리고 운명으로 하여금 성취하게 하라.

명상할 질문

- 사람들 속에서 당신이 타협하거나 자신을 잃어버리는 곳은 어디인가?

- 어디에서 당신은 자기 집착을 하는가? 혹은 어떤 정체성, 사고방식, 존재방식, 행동방식을 단단히 고수하고 있는 곳은 어디인가?

- 어디에서 당신은 계속 순교자역할을 하고 있는가? 당신이 타협하기를 멈추어야 하는 곳은 어디인가?

- 진정한 '자연스러움'을 경험한 때를 생각해보라. 자신 속에서 완전히 이완했던 때는 언제인가? 당신에게서 그 '자연스러움'을 꺼내 주었던 상황은 무엇인가?

- 나라는 느낌, '존재감'을 당신은 어떤 식으로 확장할 수 있는가? 당신의 성찰을 일기에 적어 보라.

[11] 이상주의(Idealism)

이상주의는 원형적인 기억이 형상의 세계 속으로 끊임없이 흘러드는 것을 나타낸다.

재능: 이상주의(Idealism)

그림자: 모호함, 불분명함, 불확실함(Obscurity)

깨어남: 빛(Light)

프로그래밍 파트너: 12

~ 리차드 러드

나의 위즈덤 스토리

우리집에서는 항상 나에게 마음껏 상상의 나래를 펼치라고 격려했다. 나는 끊임없이 이야기를 만들어 내고, 그 이야기들을 행동으로 옮기고 있었다. 그것은 멋진 일이었다. 하지만 학교에서는, 넋을 놓고 창밖을 바라보면, 구름을 그만 쳐다보고 수업에 집중하고 현실적이 되라는 말을 들었다. 그래서 나는 재빨리 나의 공상들을 내 속에 간직하는 것을 배웠다.

오랜 시간 동안, 내가 얼마나 '현실적인' 삶에 대해 관심이 거의 없는지를 아는 사람은 아무도 없었다. 현실의 삶은 내 상상 속의 삶과 비교하면 더없이 무미건조하게 느껴졌다. 그런데 부모님이 무엇인가가 내게 빠진 것을 감지하고 걱정하기 시작했다. 부모님은 이러한 문제를 훨씬 더 심각하게 간주하는 의사에게 나를 데려가 상담을 받았다. 의사는 망상들을 끝내고 나를 다시 세상으로 돌아오게 하는 약물과 행동요법을 처방해 주었다.

한동안은 처방이 효과가 있는 것처럼 보였고, 나는 약을 끊었다. 그러나 천천히 내 상상이 다시 고개를 들기 시작했다. 이번에는 내 상상들을 혼자 간직하는 대신, 그것들을 실현하려고 필사적으로 노력했다. 그러나 그것들은 결코 내 원래의 이상에 부합되지 않았다. 무력감과 분노 속에서, 나는 내 상상들을 다시 떨쳐내려고 노력했다. 그러나 이번에는, 나의 상상들을 묻어버리려고 하면 할수록 그것들은 더 어두워지고 더 이해하기 어려워졌다. 나의 상상 속의 악마들은 내가 만났던 사람들이 되었다. 나는, 특히 나의 친밀한 관계에서, 동일한 끔찍한 상황을 계속 반복해서 만들어내고 있었다. 그것이 너무 무서워서 나는 삶을 완전히 벗어나고 싶었다.

다행스럽게도, 어느 날 밤 나는 꿈을 꾸었다. 꿈에서 북극곰 한 마리가 펜과 물감과 황금일기장을 입에 물고 나에게 똑바로 걸어왔다. 다음날 나는 문구점으로 달려가 스케치북을 샀고, 수백 권의 예술작품이 될 첫번째 그림을 그리기 시작했다. 소유하기를 두려워했던 그 모든 감정들과 상상들을 그림으로 그리고, 시로 쓰고, 색칠을 했다. 나에게 왔던 이미지들을 신뢰하는 법을 배웠다. 이제, 나는 언제나 나의 상상력을 자유롭게 풀어놓는다. 그리고 아주 자연스럽게 나의 가장 깊은 꿈들을 보여주고, 실현하고 있다.

당신에게 주는 선물

나는 당신의 수용적이고, 풍부하고, 풍요롭고, 여성적이고, 마법적이고, 부족적이고, 꿈꾸는 마음이 가진 놀라운 힘과 잠재력을 당신에게 일깨워 주기 위해 여기 왔다. 나는 당신이 당신의 우뇌와 이미지와, 원형과 상상력의 영역과 놀 수 있게 해주기 위해 왔다. 모든 것이 결국에는 하나의 상징임을 믿으라. 자신에게 오는 것이 무엇이든 간에, 부디 그것을 판단하거나, 지나치게 동일시하거나, 아니면 그것을 억지로 예상한 형태 속으로 끼워 맞추지 말라. 그리고 자신이 상상한 것이 특이하거나 너무 낙관적인 내용이라고 어떤 식이든 자신을 판단하지 말라. 우리 현대 사회에서는 우리 같은 많은 사람들을 어리숙하고 약하고 속기 쉬운 이상주의자들 - 현실과 연결되지 않는 - 로 간주하도록 교육한다. 이상적인 어떤 것이 세상에 모습을 드러내기 위해서는 구조를 필요로 하는 것은 사실이다. 그러나 자신의 이상이나 자신의 꿈을 알지 못하고서 어떻게 진정한 가치를 지닌 무엇인가를 보여줄 수 있겠는가? 우리사회에 다시 균형을 가져오기 위해서는 '마법적 리얼리즘'을 실천하는 당신같은 사람이 필요하다. 그곳에서는, 당신의 똑똑한 좌뇌가 만들어낸 논리적인 계획들만큼이나 당신의 아름다운 열린 마음도 영광스러운 대접을 받을 것이다.

명상할 질문

- 당신은 상상 속에서 너무 헤매는 경향이 있는가? 혹은 자신의 상상들을 별로 대수롭지 않게 여기는가?

- 실제적인 삶을 살고 즐기는 것을 계속 방해하는 자신의 상상을 놓아버릴 시간인가?

- 오래된 꿈(아마도 금지당했거나 비현실적인)을 벽장에서 꺼내 표현할 시간인가?

- 자신의 가장 깊은 꿈과 이상을 반영하는 에너지를 담고 있는 빛의 토템 하나를 찾아라.

- 그것을 착용하거나 지니는 방법을 모색해보라. 그래서 원하는 만큼 오랫동안 그것을 지니고 있어라.

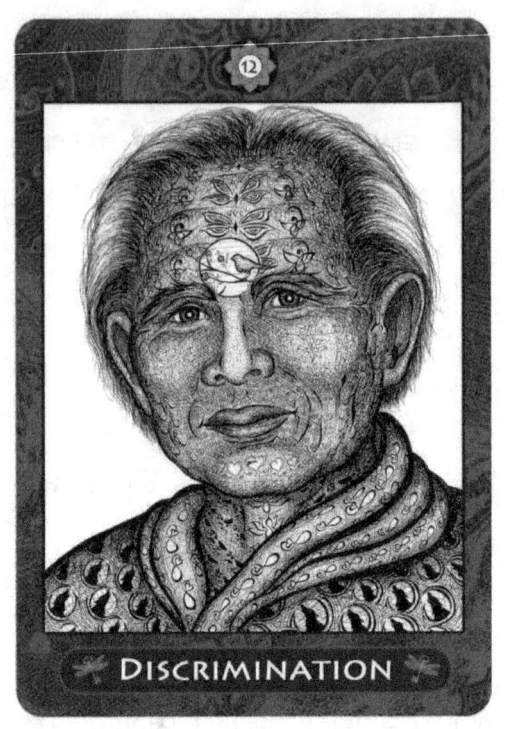

[12] 분별력(Discrimination)

분별한다는 것은 삶에서 자신에게 건강한 사람이 누구이며 무엇인지를 본능적으로 아는 것이다.

재능: 분별력(Discrimination)

그림자: 허영심(Vanity)

깨어남: 순수성(Purity)

프로그래밍 파트너: 11

~ 리차드 러드

나의 위즈덤 스토리

태어날 때부터, 나는 오래된 현명한 영혼으로 인정받았다. 인류의 악행과 잔인함을 보는 것은 나를 고통스럽게 했다. 그리고 나는 쉽게 내 주위 사람들의 어리석음과 고통을 꿰뚫어 보았다.

본능적으로 나는 삶에는 더 이상의 것이 있음을 알았고, 그래서 나는 나의 영적탐구를 시작했다. 몇 년 동안, 나는 현명한 스승들과 함께 공부했고, 내 생각들을 지켜보았고 내 감정들을 통달했다. 내가 발전해감에 따라, 내 생각은 명확해졌고, 내 표현들의 기교는 뛰어나게 되었고, 내 의사소통은 흠잡을 데가 없었다.

모든 사람들이 나의 놀랄정도의 차분함과 상냥한 성격에 한 마디씩 했다. 나는 내 주변을 둘러보며, 사람들이 잘못된 노력에 사로잡혀 성공한 사람, 괜찮은 사람으로 보이려고 애쓰는 것을 보았다. 나는 그들이 제한된 시스템과 신념들에 맹목적으로 집착하고 있는 것을 보았고, 내가 그런 슬프고 헛된 게임에 더 이상 휩쓸리지 않음에 감사하다고 느꼈다.

그러다 나는 한 대 얻어맞고 말았다. 나의 감사 아래에는 자만심이 있었고, 그것보다 더 깊은 곳에는 내가 가진 영적인 인식과 무집착의 수준을 달성하지 못한 사람들에 대한 미묘한 엘리트적인 경멸감이 도사리고 있었던 것이다.

내가 세상에서 보았던 바로 그 허영심이 내 속에 살고 있었다. 이 깨달음과 함께 다음의 사실을 알게 되었다. 내가 나자신의 허영심을 거부하거나 넘어서려고 하면 할수록 그것은 더욱 더 교묘하게 모양을 바꿔 나자신을 옥죄었다. 그러나 특별해지고 싶은 나의 바로 그 인간적인 욕구와 친구가 되자, 나는 그것이 가진 엄청난 선물들과 우리가 공유하고 있는 창조적 진화 속에서 허영심이 하고 있는 필수적인 역할에 감사할 수 있게 되었다.

당신에게 주는 선물

나는 당신이, 허영심이란 인간의 필수적이고 아름다운 일부라는 것을 알기를 원한다. 자신의 독특함을 사랑하지 않는다면, 어떻게 당신이 자신의 지성의 날개들을 펼칠 수 있으며, 어떻게 당신이 자신이 가진 개인적 힘을 기뻐하거나 자신의 가장 멋진 자질들을 알고 표현할 수 있겠는가?

마침내, 우리 모두는 알게 될 것이다. 우리가 진정으로 우리자신을 사랑한다면, 우리는 모든 사람들을 사랑해야 한다는 것을. 왜냐하면 우리는 모두 하나이기 때문이다. 그러나 지금, 내가 당신에게 권하고 싶은 것은, 자신의 허영심을 없애려고 당신이 할 수 있는 것을, 해야 하는 것을 살펴보기를 멈추라는 것이다. 그 대신, 당신 자신의 진정성, 그리고 사람들 속에 있는 진정성과 사랑에 빠지는 것을 당신 자신에게 허락하라. 가짜에서 진짜를 구별하는 것, 그리고 누가 무엇이 자신에게 건강한지를 식별하는 법을 배워라. 당신의 타고난 욕망을 변형시켜서 예술적인 형태로 자신을 향상시켜라. 그리고 가슴으로 말하라. 그 나머지는 저절로 해결될 것이다.

명상할 질문

- 당신이 매일 일상에서 쓰고 있는 가면은 무엇인가? 만약 당신이 마스크를 벗는다면, 일어날 거라고 두려워하는(혹은 바라는) 것은 무엇인가?

- 당신은 당신 내면의 엘리트의식을 어떻게 표현하는가? 때때로 다른 사람들보다 당신이 더 진화했다고 생각하는가? 이것들을 당신은 마음속으로만 생각하는가? 아니면 가끔씩 그 생각들이 사심을 가지고 새어 나오는가? 정직하라.

- 당신은 좋은 분별력을 가지고 있는가? 당신은 누가, 혹은 무엇이 자신에게 건강한 지 아는가? 어떻게 이것을 아는가?

- 말을 할 때 자신의 목소리에 귀를 기울이기 시작하라. 당신의 말 속에 당신의 순수한 가슴이 얼마나 들어있는 지 주목해보라. 만약 가슴이 부족하다면, 당신에게 도움이 되지 않는 어떤 형태의 허영심이 있을 것이다.

[13] 사리분별, 안목(Discernment)

사리분별은 사람들에 대한 자신의 견해가 얼마나 깊이 자신의 감정과 연결되어 있는 지를 아는 개인적 차원에서 시작된다. 시간이 지나면 당신의 사적인 과제들이 보다 명쾌해지고, 당신은 보다 폭넓은 관점에서 사람들과 세상의 말에 귀기울이는 능력을 회복할 것이다.

재능: 사리분별, 안목(Discernment)
그림자: 불화, 알력(Discord)
깨어남: 공감, 연민(Empathy)
프로그래밍 파트너: 7

~ 리차드 러드

나의 위즈덤 스토리

나는 근본주의자 가정에서 자랐다. 고집세고 반발심 강하고 편협한 마음을 가진 부모님 밑에서. 만약 내가 부모님의 신념과 맞지 않는 말을 하거나 지나치게 긍정적이 되면 부모님은 나에게 난폭한 말을 퍼붓거나 나를 벨트로 때렸다. 부모님은 언제나 옳았고, 나는 언제나 틀렸다. 부모님의 분노와 쓰라림과 비관주의에서 살아남기 위해, 나는 수용적인 물처럼 바뀌었다. 나는 순하고 고분고분하고 끊임없이 양보하는 사람이 되었다. 나는 안전하게 살기 위해 내 기개를 버렸고, 친절하고 상냥한 척하는 것에 도가 터서 그것이 가식적이라는 것을 나 자신도 잊어버렸다.

여자다운 나이에 접어들자, 나는 누구든지 그 위로 걸어가는 것을 허용하는 카페트처럼 자유분방한 여자가 되었다. 그리고 내 안에 강한 신념들이 있다해도, 나는 내가 믿는 것을 위하여 절대로 일어서지 않았다. 나는 이 패턴을 반복했고, 사람들과 계속 성적인 관계를 남용했다. 안전한 적이 거의 없었음에도 불구하고, 안전에 대한 욕망에 의해 나의 모든 결정들이 내려졌다. 그리고 나는 자주 불화에 둘러싸여 있었다. 나는 어떻게 해야하는 지를 알면서도 하기를 거부했다.

그러다가 남편이 딸을 부적절하게 건드리는 것을 보았다. 바로 그것이었다. 나는 더 이상 내 감정들을 거부할 수 없었다. 아니 행동하는 것을 거절할 수 없었다. 내 안에 존재하고 있던 고통과 절망과 분노에 귀를 기울일 수 밖에 없었던 그 순간, 나의 진정한 영웅적 삶이 시작되었다. 지금 나는 온통 내 주위에서 일어나고 있는 인간의 드라마를 공감과 연민과 낙관주의를 가지고 지켜본다. 나는 신화적인 여정이 인간의 삶임을 알려주는 신화와 아이들에 대한 책을 쓴다. 모든 진정한 주인공들과 여주인공들은 영혼의 어두운 밤을 겪는다. 우리가 기꺼이 깨어나 인식하고 들으려고 할 때 변화와 구원은 반드시 찾아온다.

당신에게 주는 선물

나는 당신을 깨우려고 여기 왔다. 당신은 어디에서 같은 실수들을 반복하는가? 당신은 어디에서 당신 가슴의 진실의 결과들을 듣고 받아들이기를 거절하는가? 일단 스스로에게 정직해지기 시작하면, 당신은 자신이 얼마나 용감한 사람인지 놀랄 것이다. 자기자신과 다른 사람들에게 귀를 기울이기 시작할 시간이다. 사리분별의 기술을 배워라. 단어들의 이면을 들어라. 더 깊은 욕망들, 감정적 과제, 그리고 밑에 깔려 있는 어조에 귀를 기울여라. 당신자신의 개인적 이야기를 넘어서서 들어라. 당신의 삶과 당신을 둘러싼 모든 것 안에서 거대한 신화의 인간 드라마가 상영되고 있다. 우리는 모두 그 한부분이다. 우리는 모두 각자의 지하세계 버전을 가지고 있다. 우리는 모두 마법사의 지팡이, 전사의 칼, 그리고 행복한 결말을 위한 가능성을 지니고 있다. 당신이 자신만의 풍요로운 인간적 삶의 신화적 특성을 보기 시작함으로써, 당신의 낙관주의는 당신의 공감과 연민 그리고 영웅적 가능성과 함께 올바르게 자라날 것이다. 당신은 혼자가 아니다. 내가 여기에 있다.

명상할 질문

- 당신은 어디에서 자기 파괴적 사이클에 붙잡혀 있는가?

- 자신으로부터, 혹은 다른 사람들로부터 당신이 공감에 굶주려 있는 곳은 어디인가?

- 당신이 세상을 경험하는 방식이 자신의 정신적, 감정적 상태에 의해 어떤 식으로 색칠되어 있는지를 인식해보라.

- 당신의 일상생활에서 당신 자신과 다른 사람들을 향해 어떻게 더 공감할 수 있을까?

- 당신이 깊은 차원에서 공명하고 있는 신화가 있는가? 그것은 당신의 가족이나 당신의 문화적 이야기를 반영하고 있는가?

- 만약 당신만의 신화를 쓴다면, 어떤 것에 대해 쓰겠는가? 누가 주인공이 될 것인가? 당신의 일기에 간단한 신화를 써보라. 그 이야기를 당신의 삶에 적용시켜라.

[14] 능력(Competence)

능력은 물질적 성공으로 가는 네 개의 열쇠- 능률, 열정, 재능, 유연함을 가지고 있다.

재능: 능력(Competence)

그림자: 타협(Compromise)

깨어남: 관대함, 큰 도량(Bounteousness)

프로그래밍 파트너: 8

~ 리차드 러드

14
나의 위즈덤 스토리

나는 왕자로 태어났다. 그러나 나의 가족은 우리나라에서 쫓겨났다. 살기 위해서 부모님은 왕족이었던 과거를 지워버리고 평범한 나라에서 평범한 가정을 꾸렸다. 우리는 수수한 집에서 살았고, 나는 보통학교에 다니며 누구나 원하는 것을 원하도록 배웠다. 그리고 젊은이가 되었을 때, 나는 다른 사람들처럼 안정과 성공을 얻기 위해서 일을 하고, 결혼을 하고, 열심히 공부해서 존경받는 직업을 얻었다. 돈을 벌었고, 아주 크게 인정도 받았다. 나는 내가 하는 일을 한번도 사랑한 적이 없고, 기대한 적도 없었다. 중요한 것은 규칙대로 하는 것이고, 아내를 먹여 살리고 게임에서 이기는 것이었다.

하지만 시간이 흐르고 지위가 높아짐에 따라 내 뱃속에 가라앉아 있던 느낌도 더 강해졌다. 나는 덫에 걸리고 열정이 다 빠져나간 느낌, 뭔가 중요한 것이 내 삶에서 빠져 있는 느낌이었다. 그래서 아내와 나는 아이를 갖기로 했다. 하지만 아무리 노력을 해도 임신이 되지 않았다. 절망감, 수치심, 발기부전을 느끼면 느낄수록 더욱더 나는 직업의 세계에서 나 자신을 증명하려고 발버둥쳤다. 나는 성공을 위해서라면 내 건강과 친밀한 결혼생활을 포함해서 모든 것을 타협할 용의가 있었다.

아내와 점점 멀어졌고 나는 몸이 아프기 시작했다. 고집스럽게 나는 고통을 외면했다. 드디어 어느 날 밤, 아내가 앞을 막아섰다. 아내는 흐리멍덩한 내 눈을 쏘아보면서 내 어깨를 잡고 소리쳤다. "그만해! 더 이상 성공은 필요 없어. 성공이 당신을 죽이고 있어. 우리를 죽이고 있어. 절대로 성공이 우리 마음 속의 구멍을 메워주지 않아." 그러고 나서 아주 부드럽고 진심어린 말로 아내는 내게 물었다. 내가 진정으로 내 자신과 내 삶에서 하고 싶었던 것이 무엇이냐고. 만약 내가 그녀를 먹여 살리는 것을 걱정하지 않았다면, 혹은 성공의 노예가 되지 않았다면, 진짜 내가 원했던 것이 무엇이냐고. 그 순간 나는 내가 한번도 인생에서 그런 질문을 내 자신에게 한 적이 없다는 것을 깨달았다. 봇물이 터진 것처럼 눈물이 흘렀다.

아내와 함께 나는 다시 꿈꾸는 법을 배웠다. 마침내 우리는 우리의 영혼을 붙잡았고, 제국을 버리고 예상치 못한 모험을 시작했다. 순수한 열정에 이끌려 우리는 내가 태어난 고향으로 돌아갔고, 마침내 나의 진정한 능력이 깨어났다. 지금의 나는 평범함과는 한참 거리가 멀다. 나는 수 천명의 난민 아이들의 귀환을 돕고 보호하는데 헌신하고 있는 왕이다. 아내와 나는 서로 사랑하며 우리가 하는 모든 일을 좋아한다. 나의 열정은 매우 전염성이 강해서 우리 아이들도 자신의 가슴을 따라 살지 않을 수 없게 만든다.

당신에게 주는 선물

나는 당신이 자신의 꿈을 되살리고 자신의 삶을 정직하게 바라볼 수 있는 용기를 주기 위해 여기에 있다. 지금은 다시 불을 당신의 뱃속으로 가져가고 타협하기를 그만둘 때이다. 타협하면 타협할수록 당신은 자신의 것이 아닌 삶속에서 점점 더 덫에 걸리게 될 것이다. 당신은 풍요롭고, 만족스럽고, 조화로운 삶을 물려받기 위해서, 유능한 삶을 살기위해서 태어났다. 나는, 장애물을 없애 버리고, 자신이 하는 일을 사랑하고, 매력적이고 창조적인 사람이 되어 자신의 길에서 마주치는 새로운 동시성의 기회마다 독창적으로 적응하는 당신을 본다.

명상할 질문

- 삶에서 당신은 어디에서 타협하고 있는가? 어디에 머물러 있는가?

- 당신의 귀중한 에너지가 어디에서 새고 있는가?

- 자신의 뱃속에 불을 갖고 있던 시간을 떠올려 보라.

- 능력이란 당신에게 어떤 의미인가? 삶에서 자신이 가장 능력이 있었다고(유능했다고) 느낀 때는 언제였는가?

- 당신의 재능인 관대함, 큰 도량을 다른 사람들과 나누고 있는가?

- 어떤 꿈이 벽장 속에서 꺼내 달라고 소리치고 있는가?

- 꿈에 다시 불을 붙이는 방법을 찾아내고, 오늘 당신의 관대함을 나누어라.

[15] 끌어당김(Magnetism)

현대 인류의 가장 큰 도전 중의 하나는 속도를 늦추는 법을 배우는 것이다.

재능: 매력, 끌어당김(Magnetism)

그림자: 둔함, 지루함(Dullness)

깨어남: 개화(Florescence)

프로그래밍 파트너: 10

~ 리차드 러드

나의 위즈덤 스토리

우리는 그 똑같은 작은 마을에서 계속 살고 있었다. 아마 날씨가 후덥지근했을 수도 있고, 아니면 엄마 말 대로 나의 널뛰는 호르몬 탓이었을 수도 있다. 어쨌든 어느 여름, 그곳의 모든 것이 내게는 불쾌하게 다가왔다. 뭔가 두려운 일이 일어나고 있다는 것은 아니다. 문제는 바로 아무 일도 일어나지 않고 있다는 것이다. 나는 지루해서 죽을 지경이었다. 혹은 둘 중 하나였다. 우리 삶의 이 부인할 수 없는 공허함에서 벗어나려고 끊임없이 발버둥치는 내 여동생이 질식해 죽든가. 엄마는 나의 태도를 못마땅해했다. 동생은 사람이든 물건이든 한번에 5초 이상을 집중하지 못했다. 그러나 동생의 행동이 극단적일지라도 최소한 동생은 시도라도 하고 있었다. 나? 난 아무래도 상관없었다. 나는 어떤 것이나 누군가에게 많은 관심을 갖는다는 게 이해가 안됐다. 나의 삶은 어디로도 흐르지 않았다.

그런데 그때 나는 내가 나의 개 닐리를 보고 있다는 것을 알았다. 거기 현관에서 닐리는 빈둥거리며 혀를 내민 채 조용한 개로 있으면서 행복해했다. 처음에 나는 몹시 부러웠다. 도대체 닐리는 어떻게 저럴 수 있을까? 그냥 거기 앉아서 완전히 이완해서 변화를 원하지도 않고, 게다가 짜증날만큼 사랑스러워 보이고.

다음 순간 나는, 내가 닐리 옆에 누워서, 부드러운 털로 덮인 닐리의 배가 가볍게 오르락 내리락하는 소리를 들으며, 하늘을 응시하며, 아무것도 하지 않고...몇 시간을 그러고 있다는 것을 알았다. 그리고 그 시간을 초월한 시간

속에서 나는 텅 빔 속에 잠겨 있었고, 서서히 행복보다도 더 좋은 느낌이 넘쳐 흐르기 시작했다. 눈물이 솟아올랐다. 나는 닐리를 숨막힐 정도로 꽉 끌어안았다. 그 이후부터 엄마는 나에게서 빛이 나온다고 말했다. 동생도 서서히 진정되어 딱히 할 만한 것이 아무것도 없을 때에도 나와 시간을 보냈다.

당신에게 주는 선물

 나 같은 시골 여자애가 가장 지루한 동네에서 마법을 찾을 수 있었다면 당신도 할 수 있다. 내가 당신에게 하고 싶은 말은 지루함과 싸워서는 안된다는 것이다. 그러면 마법은 작동되지 않는다. 당신은 지루함에 의지해야 한다. 당신의 전 존재로 그것을 껴안아야 한다. 속도를 아주 아주 늦추어야 한다. 그것이 힘들다는 것은 안다. 무섭게 느껴질 수도 있을 것이다. 그러나 충분히 오랫동안 그렇게 한다면, (게으르다고 스스로를 질책하지 않고) 당신은 삶이 아주 흥미진진하다는 것을 알게 될 것이고, 당신의 아름다운 눈에서는 저항할 수 없는 매력이 뿜어져 나올 것이다. 당신은 그 이유조차 필요치 않을 것이다.

명상할 질문

- 당신은 진정으로 당신을 만족시키지 않는 활동이라는 혼란을 통해 공허함과 지루함을 벗어나려고 애쓰는가?

- 아니면 공허감과 지루함 속에서 절망이나 체념으로 자포자기하고 있는가?

- 당신의 내면으로부터 나오기를 바라는 자질은 무엇인가?

- 둔감함, 지루함을 완전히 포용할 수 있는 곳이 어딘지 실험해 보라. 계속 실험해 보면서 어떤 일이 일어나는 지 보라.

- 완전히 이완하고 있는 동물과 함께 시간을 보내라. 그 동물에게 배워라.

- 당신이 아는 깊은 개인적인 매력을 지닌 누군가를 생각해보라.

- 그들의 본보기가 자신의 내적인 본질이 빛날 수 있도록 스스로 허락하는 법을 당신이 배우는 데 어떻게 도움이 될 수 있을까?

[16] 다재다능(Versatility)

다재 다능의 재능은 필요한 어떤 기술을 배워서 인류의 향상과 전체에 대한 봉사라는 유일한 목표를 위해 그 기술을 사용하는 능력이다.

재능: 다재다능(Versatility)

그림자: 무관심(Indifference)

깨어남: 통달(Mastery)

프로그래밍 파트너: 9

~ 리차드 러드

나의 위즈덤 스토리

아이 적에 나는 번개에 맞았다. 우리 마을의 주술사가 이것을 하나의 신호로 보고 나를 그의 밑으로 데려갔다. 다른 아이들이 놀고 있을 때 나는 식물의 약효, 방울 흔드는 법, 드럼치는 법을 배웠다. 나의 마음은 틈만 나면 계속 아이들의 웃음 소리와 마을 할머니들이 들려주는 이야기 쪽으로 달려갔다. 밤이 되면 탁탁 소리를 내는 모닥불 주위에서 음식을 만들고 아이들의 눈이 동그래지는 이야기들을 들려주는 꿈을 꾸었다.

그러나 잠이 깨면 내가 누구인지, 그리고 내가 절대로 될 수 없는 사람이 누구인지를 기억했다. 그래서 나는 이를 악물고 엄격하게 나의 주술훈련을 해 나갔다. 나는 옳은 길을 가고 있고 다른 것은 아무 것도 원하지 않는다고 생각하며 나 자신을 속였다. 우리의 오랜 전통에서 최고 수준의 입문식을 치러야 할 때가 되었다.

마지막 입문을 치르고 내 일생의 소명을 받아들여야 할 시간이 온 것이다. 그러나 나의 입문식을 치르는 날 나는 패닉상태에 빠졌다. 준비가 안된 느낌이었다. 충분한 느낌이 들지 않았다. 나는 숲속으로 도망쳤다. 그날 밤 나무들에 둘러싸여 있으면서, 나는 세상이 무너지는 꿈을 꾸었고, 세상을 구하기에는 내 자신이 너무나 무력했다. 나는 터덜터덜 마을로 돌아갔다. 나는 신성한 의무들을 등한시하기 시작했고 중심을 잃었다. 심지어, 어리석게도 우리의 작은 전통의식들은 상처입은 우리 세상의 문제들을 절대로 풀 수 없다고 주장하는, 주변의 도시에서 우리 마을로 흘러 들어오는 이야기들을 믿기 시작했다.

스승님은 내 눈 속에서 무관심과 비관주의가 커가는 것을 보셨다. 마침내 나는, 떨면서, 마을을 위해 봉사하겠지만 다른 식으로 하고 싶다는 내 영혼의 고뇌를 털어놓았다. 나는 나의 소명을 받아들일 수 없었다. 놀랍게도, 스승님은 미소를 지으며 말씀하셨다. "너는 정말로 주술사이다. 단지 약간 종류가 다를 뿐이지. 너의 꿈들에 귀를 기울여라. 너의 가슴을 따라가라. 너의 새로운 기능을 철저하게 연마해서 어디서든지, 누구와 함께 하든지, 어떤 목적이든지 네가 배운 것을 쓸 수 있도록 하라." 나는 스승님의 말씀대로 했다. 지금은, 내가 나타날 때마다, 내가 무엇을 할 때마다, 사람들의 배에 활력이 생기고 가슴이 고양되고 아이들이 웃음을 터뜨린다. 나는 나의 독특한 주술을 신뢰한다. 그리고 행복하다.

당신에게 주는 선물

당신의 눈을 들여다볼 때 나는 재능있고 다재다능할 수 있는 커다란 잠재력을 본다. 내가 여기 있는 이유는, 재능에는 끊임없는 노력도 필요하지만, 진정한 열정을 가지고 있어야만 모든 것이 더 쉬워진다는 것을 당신에게 일깨워 주기 위해서다. 자신의 열정을 신뢰하라. 남들과 달라지는 모험을 하라. 사람들을 무너뜨리는 법을 배워라. 자신이 좋아하는 일을 할 시간을 발견하기가 더 쉬워지리라는 것을. '자신의 사람들'을 발견하기가 더 쉬워지리라는 것을 약속한다. 도움을 청하는 것이 더 쉬워질 것이다. 자신의 두려움을 나누는 것이 더 쉬워질 것이다. 힘든 일 조차도 더 쉬워질 것이다,

왜냐하면 당신이 하는 모든 일은 사랑을 연료로 하기 때문이다. 마침내 당신의 지식과 기술들은 아주 깊은 당신의 일부가 되어 당신은 삶 그 자체와 함께 놀이를 하며 즉흥적으로 움직이게 될 것이다. 봉사와 지속 가능성이 아주 자연스럽게 생길 것이다. 당신은 당신이 생각하는 것보다 더 준비되어 있다.

명상할 질문

- 당신이 자신과 세상에 대해 포기하고 있는 곳은 어디인가?
- 당신은 어떤 열정을 갖고 있는가?
- 어디에서 당신은 스스로에게 아직 준비가 안됐다고 말하고 있는가? 당신은 무엇을 기다리고 있는가?
- 공상을 현실화시키기 위해 당신이 할 수 있는 간단한 행동은 무엇인가?
- 당신의 특별한 열정과 관련해서, 그것이 쓸모가 없다고 생각하고 있는가? 어떤 식으로든 도와줄 수 있는 방법을 찾으려고 당신이 많은 신경을 쓰는 것은 무엇인가 (그리고 누구인가)?
- 당신이 타고난 재능을 갖고 있는 곳은 어디인가? 그 분야를 더 마스터하기 위해 당신이 할 수 있는 한가지를 생각해 보라.

[17] 선견지명(Farsightedness)

선견지명은 마음이 아니라 가슴에서 곧바로 생겨나는 것이라고 할 수 있다.

재능: 선견지명(Farsightedness)

그림자: 견해, 의견(Opinion)

깨어남: 전지, 박식(Omniscience)

프로그래밍 파트너: 18

~ 리차드 러드

17

나의 위즈덤 스토리

　나의 부모님은 내가 우리 민족을 위해 위대한 것들을 성취하리라고 믿었다. 심지어 학교에 가기 전부터, 나는 퀴즈를 풀며, 지적 탁월함에 대하여 준비가 되어 있었다. 비논리적인 감정들은 무시되는 반면, 사실, 시험, 체계적인 토론은 칭찬을 받았다. 나의 예리한 두 눈은 결점들을 찾아내도록 훈련되었다. 나의 자기주장이 강한 비판적 생각은 비교를 통해 연마되었고, 항상 어떤 이론을 뒷받침하는 적절한 사실을 끌어 냈다.

　내 지적능력은, 내가 훌륭한 학생, 법률가, 그 이후엔 사회비평가가 되도록 충실히 봉사했다. 나는 연구를 계속하여 마침내 좋고 나쁘고, 올바르고 잘못된 것에 대해 분명해졌다. 내 견해들은 언제나 정의의 편이였고, 인도주의적이었다. 모든 사람들에게 나는 대단히 자신감이 넘쳐 보였다.

　그러나 마음 속에서, 나는 심각했고, 자기비판적이었으며, 모든 것을 개인적인 것으로 받아들였다. 나는 끊임없이 내자신을 다른 사람들과 비교하며, 그들이 좀 더 박식하고 더 많이 성취하는 것을 두려워했다. 나는 내가 이룬 것들이 없다면 사랑받을 수 없다는 생각을 마음 속 깊이 가지고 있었다. 그래서 나는 꿰뚫을 수 없는 방패를 만들어냈고, 어떤 것을 의논할 때는, 심지어 인간적이고 정서적인 상황에서도 논리 외에는 그 어떤 것도 사용하기를 거절했다. 나의 겉보기에 열린 생각과 진보적인 관점들의 이면에는, 화가 난 내가 있었다. 나는 근본주의자처럼 내 견해들에 매달려 있었다. 나는 논쟁에 사로잡혀 친구들을 잃었다. 그리고 어리석은 논쟁을 하느라 내 삶의 사랑을 잃어버렸을 때, 나는 깨어났다. 그 순간부터 쭉 나의 마음은 사랑하는 가슴의 충성스럽고 훌륭한 하인이 되었다.

당신에게 주는 선물

나는 당신에게 사랑보다 더 중요한 것은 아무것도 – 의견, 이론, 교리, 신념, 그 어떤 것도– 없다는 것을 알려주려고 왔다. 당신을 자기주장만 고집하는 건강하지 못한 마음의 지배로부터 벗어나게 해주는 유일한 방법은 유머감각을 개발하는 것이다. 진정한 선견지명은 당신이 자신을 너무 심각하게 여기거나 누군가가 말한 것을 너무 사적으로 받아들이지 말 것을 요구한다. 더 많이 웃어라. 그것은 당신의 똑똑한 마음을 닫으라거나 당신이 보는 패턴들을 무시하라거나 세상을 더 좋게 향상시키는 것을 포기하라는 것이 아니다. 그것은 전체의 모든 면을 동시에 볼 수 있는, (기꺼이 보는, 기꺼이 느끼는) 것에 관한 것이다. 당신이 원하는 모든 견해들을 가지고 있어라. 그러나 기억하라, 당신은 당신의 견해들이 아니다. 당신은 훨씬 더 이상의 존재이다. 당신은 가슴의 과학자로서, 작은 세부사항과 큰 그림을 동시에 봄으로써 인류의 미래에 기여하기 위해 여기 있다.

명상할 질문

- 당신이 스스로를 너무 힘들게 다루는 곳은 어디인가? 어떻게 하면 당신 자신에게 좀 더 친절할 수 있을까?

- 당신이 실제로 의견을 가지고 있지만, 그 의견을 나누기를 두려워하는 곳은 어디인가? 당신의 삶에서 당신이 근성을 가지고 있는 곳은 어디인가?

- 어디에서 당신은 사람들을 힘들게 하는 경향이 있는가? 당신의 강력한 견해들이 당신의 인간관계를 방해하는가? 당신은 자신의 의견들을 방어하는데 집착하는가? 혹은 당신의 방식으로 사물을 보도록 사람들을 바꾸려고 애쓰는가?

- 선견지명, 혹은 큰 그림을 보는 능력을 가진 사람이라고 당신이 존경하는 그, 또는 그녀는 누구인가?

- 당신에게 전지(박식)는 무슨 의미인가?

- 당신의 강한 의견과 반대되는 의견을 찾아보라. 이 대조적인 관점을 입증할 증거들을 진지하게 찾아보라. 당신이 배운 것에 대해 마음을 열어라.

[18] 진실성, 도덕성(Integrity)

진실성의 재능의 비밀은 혼자만의 공간에 있을 때 자신의 판단이나 자기비판에 시달리지 않게 해주는 것이다.

재능: 진실성, 도덕성(Integrity)

그림자: 판단(Judgment)

깨어남: 완벽(Perfection)

프로그래밍 파트너: 17

~ 리차드 러드

나의 위즈덤 스토리

어린시절부터, 나는 우리 지역사회가 여성들을 대하는 방식이 뭔가 잘못되었다는 것을 알았다. 아버지는 어머니에게 경멸하는 투로 말을 했고, 어머니는 아버지를 내버려두었다. 그리고나서 어머니는 짜증을 내며 아버지 뒤에서 불평을 했다. 그러나 어머니는 결코 자신을 위해 큰소리로 말하지 않았고, 나에게 같은 열등감을 조장했다.

10대 시절, 나는 화가 나 있었다. 어머니의 삶이 슬프고 가엾어 보였다. 그리고 나는 결코 억압받는 여자가 되지 않겠다고 내 자신에게 약속했다. 그래서 나는 '어머니'적인 모든 것들을 거부했다. 나는 내 생각을 말했고, 규칙들을 깨버렸으며 세상을 떠맡았다. 나는 독립적이고 충실한 페미니스트가 되었고, 후원받는 것을 거절했다. 아버지는 나와 의절하겠다고 위협까지 했다. 어머니는 사태를 진정시키려 했지만, 마음 속으로는 제멋대로인 딸을 수치스럽게 느꼈다.

나는 그 지역을 떠나 활동가와 예술가로서의 새 삶을 시작했다. 부모님이 방문했을 때, 나는 아버지가 겸손하고 어머니가 친절한 것을 지켜보았다. 나는 두 눈을 부라리거나 화를 내면서 부모님보다 내가 우월하다고 느꼈다. 어머니가 스스로 희생양이 된 것이 나를 얼마나 희생자로 느끼게 했는지, 나는 친구의 집에 초대를 받아 친구의 부모님을 만나고 나서야 알게 되었다. 내 경우처럼 그들도 전통적인 배경 속에서 살고 있었다. 아버지가 대화를 지배했고, 어머니는 고개를 끄덕이며 웃었다. 그런데 어찌된 일인지 친구는 부모님과 함께 대화하는 것을 즐거워했다. 친구는 친절하게 자신의 부모님들이 가진 한계들을 받아들임으로써 부모님에게 있는 최고의 것을 불러냈다.

나는, 어머니를 그토록 가혹하게 판단했던 것에 대해, 내가 얼마나 아버지와 비슷하게 되었는지를 보지 못한 것에 대해, 나 스스로를 판단하기 시작했다. 어머니를 두고 이러쿵 저러쿵 아무리 입방아를 찧어도, 어머니는 우리를 존중하며 다정하게 대했고 한번도 화를 내지 않았다. 내 삶에서 처음으로, 나는 어머니의 연약함 속에서 강인함을 보았다. 어머니는 자기에게 유리하도록 자기입장을 말할 수도 있었지만 그렇게 하지 않았다. 어머니는 내가 그토록 원했던 연민과 양보의 능력을 가지고 있었다. 어머니에게 감사하며, 나는 사람들이 자신의 어린시절을 이해하고 헤쳐 나가는 것을 도와주어, 그들이 가슴을 열고 온전하게 살아갈 수 있게 하는데 내 삶을 바치고 있다.

당신에게 주는 선물

나는 당신이 어린시절을 완성하도록 도와주러 왔다. 당신의 과거로부터의 상처들을 보여주는 데는 용기를 필요로 한다. 당신이 과거의 교훈들과 더 이상 자신에게 도움이 되지 않는 과거를 모델로 삼는 것에서 벗어날 때, 당신은 자유로이 부드러운 연민어린 가슴으로 당신의 부모님을 보고 받아들이게 될 것이다. 진정으로 당신이 자신의 진실성 안에 존재할 때, 사람들의 판단들을 사적으로 받아들이거나 - 당신자신이나 어느 누구의 - 희생자로서 자신을 정의하는 것은 불가능할 것이다. 이것은 혼자 가는 길이 아니다. 그러니 도움을 요청하는 손을 내밀어라. 당신의 가슴을 굳어버리게 한, 당신에게 열등감이나 우열감을 느끼게 만든, 아니면 당신으로 하여금 자유롭게 자신을 표현하고 깊이 연결되는 것을 방해했던, 그런 고통스러운 경험들을 다시 돌아볼 때, 친구나 치유사 혹은 멘토나 영적상담사가 함께 동반하는 것을 허락하라. 시간이 지나면 당신은 마음이 아니라 가슴으로 판단하는 법을 배우게 될 것이다.

명상할 질문

- 당신이 다른 사람들보다 열등하다고, 또는 우월하다는 느끼는 경향이 있는 곳은 어디인가? 인정하기는 싫지만, 당신을 험하게 다루는 사람은 누구인가?

- 당신의 삶에서 가장 생생하게 자기판단이 되는 부분은 어디인가? 당신이 자신의 부정적인 면과 비슷하다고 생각하는 사람은 누구인가?

- 당신의 자기판단이 어떤 식으로 당신이 내적 권위를 소유하고 존중하는 것을 방해하는가? 당신에게 진실성의 의미는 무엇인가? 오늘 당신의 진실성속에서 더 많이 느껴지는 것 하나를 말해보라.

- 당신의 삶에서 완벽함이, 성취할 수 없는 어떤 이상을 향해 몰고가는 힘이라기보다, 어떻게 하나의 영감이 될 수 있을까?

[19] 민감성, 감수성(Sensitivity)

민감성의 재능은 사람들의 필요에 고도로 조율될 수 있는 재능이다. 사람들과 그들의 필요를 감지하기 위해서 먼저 당신은 그들에게서 독립적이 되어야 한다.

재능: 민감성, 감수성(Sensitivity)

그림자: 의존성(Co-dependence)

깨어남: 거룩한 희생(Sacrifice)

프로그래밍 파트너: 33

~ 리차드 러드

나의 위즈덤 스토리

나는 남자들은 돈을 벌고, 여자들은 아이들을 키우고, 어른들은 노인들을 봉양하고, 그리고 신이 우리 모두를 보살펴 주는 오래된 나라에서 태어났다. 우리의 생활은 전통과 관습에 따라 영위되었고, 우리는 거기에 의문을 갖지 않았다. 딸들에게 필요한 게 있으면 나는 그것을 채워 주었다, 딸들이 콧물을 흘리면 휴지로 닦아주었고, 감기에 걸리면 뜨거운 스프를 끓여 먹이고, 울고 보채면 가슴에 꼭 안아주었다.

그러나 딸들이 좀더 자라고 주변 상황들이 바뀜에 따라 딸들에게 무엇이 필요한지, 딸들의 느낌이 어떤 지를 감지하는 나의 능력이 위축되어져 갔다. 유익한 충고를 하면 딸들은 내가 자기들 말을 듣지 않는다고 비난했다. 영양가 많은 음식을 만들어 주면 딸들은 살찌고 건강에 해롭다고 말했다. 훌륭한 청년을 만나보라고 주선해 놓으면 방에서 나오지도 않았다. 딸들을 보호해 달라고 신에게 기도했다. 그러나 딸들은 그것도 대들었다. 신은 이제 존재하지 않는다는 것이다. 딸들이 이사를 갔고, 나는 매일 전화를 했다. 딸들은 나를 '의존적 관계에서 못 벗어나는 사람' 이라고 하면서 자기들은 내가 걱정해주는 것을 원치 않는다고 말했다. 내가 아무리 딸들을 사랑하려고 해도, 좋은 엄마가 되려고 애를 써도, 아무리 딸들에게, 그들이 없어서 내가 얼마나 허전한지 말을 해도 소용이 없었다. 딸들은 더 거리를 두었고, 나를 '궁색한 사람' 이라고 불렀다.

결국 나는 상상도 못할 일을 했다. 내 딸들에게 등을 돌렸다. 딸들이 나를 필요로 하지 않는다면 나도 딸들이 필요 없었다! 오랫동안 나는 소외감 속에서 비참한 심정으로 살았다. 당연히 나는 실패한 엄마였다. 보다 못한 친구들이 나를 집 밖으로 끌어냈다. 하루는 여기로 강좌를 들으러 가고, 하루는 저기로 산책을 가고. 그러다가 나는 동물들이 나에게로 와서 말을 하는 희안한 꿈을 꾸기 시작했다. 곧 놀랍게도 죽은 친척들의 영혼이 거실에 나타나기 시작했고, 사람들에게 전해줄 메시지를 내게 가져다주었다.

나의 초감각적 재능에 대한 소문이 퍼져 나갔다. 친구들과 이웃들이 찾아와서, 우울증에 걸린 애완동물들, 시들어가는 식물들, 해소할 수 없는 자신들의 슬픔에 대해 말하기 시작했다. 이웃 사람들 사이에서 나는 꽤 놀라운 사람이 되었다. 딸들조차도 내게 흥미를 느꼈다. 이제 딸들은 매일 집에 들른다. 나의 놀라운 삶이 너무 재미있어서 나는 딸들도 자신만의 방식으로 자기 삶의 재미를 찾게 내버려둔다. 이제 딸들은 내가 만든 음식도 먹고, 때때로 딸들이 요청할 때 해주는 내 조언도 듣는다!

당신에게 주는 선물

나는 당신의 감수성을, 그리고 당신의 삶에서 만나는 사람들의 필요와 느낌들에 맞추어 가는 당신의 그 모든 방식들을 축하하기 위하여 여기 있다. 봉사한다는 것은 멋진 일이다. 그러나 도움을 줄 때는 자신의 처지가 도움을 줄 수 있는 지를 확실히 해야 한다. 당신자신의 삶에서 당신이 행복한지, 그리고 타인의 필요를 충족시켜 줌으로써 자신의 필요를 충족시키려고 하는 것은 아닌지를 명확히 해야 한다. 장담컨대 사람들은 숨어 있는 의도를 예리하게 간파한다. 상처받은 감정 때문에 스스로 소외되어 있다면, 도움의 손길을 청할 때이다. 너무 오랫동안 닫아 두기에는 당신의 가슴은 너무도 크고 아름답다.

명상할 질문

- 필요한 사람이 되고픈 자신의 욕구 때문에 당신은 너무 많이 희생하고 있는가?
- 당신이 너무 많이 주고 있을 때 당신의 몸이 주는 신호는 무엇인가?
- 다른 사람에게 의지하는 것이 두려워서 도움을 거절하고 있는가?
- 당신 스스로 자신을 고립시키고 나서 도와주지 않는다고 사람들을 원망하는가?
- 당신은 자신의 독립에 집착하고 있는가? 누군가를 필요로 하는 자신을 스스로에게 허락한다면, 혹은 당신이 그들에게 진정으로 의지하는 것을 스스로에게 허락한다면, 일어날 것이라고 당신이 두려워하는 일은 무엇인가?
- 자신을 돌보는 것과 다른 사람들을 돌보는 것 사이의 균형을 어떻게 찾을 수 있을까? 건강한 감수성은 무엇인가? 건강한 희생은 무엇인가?

[20] 자기 확신(Self-assurance)

자기확신을 가지면 매순간 삶에 완전한 항복을 하게 될 것이다. 또한 삶이 그 자체의 계획과 흐름을 가진다는 것을 받아들이기 시작할 때, 당신은 삶의 과정을 방해하던 마음을 멈추기 시작한다.

재능: 자기확신(Self-assurance)

그림자: 피상적(Superficiality)

깨어남: 존재(Presence)

프로그래밍 파트너: 34

~ 리차드 러드

나의 위즈덤 스토리

손에 활을 잡을 수 있을 때부터, 나는 바이올리니스트가 되는 것을 꿈꾸었다. 다른 아이들이 풀밭에서 놀고 있을 때, 나는 나의 음계들을 연습했다. 나의 마음은 끊임없이 미래에 대해 생각하고, 나의 다음 작품을 계획하고, 내가 연주할 곳, 나의 연주에 감동할 사람들을 생각하고 있었다. 일단 공연이 시작되면, 다음 공연에 대한 강박이나 지난 번 공연에 대한 고통스러운 후회로 마음이 들끓었다.

내 음악에 사람들은 감동해서 눈물을 흘렸지만, 내게는 그저 나를 계속 움직이게 하는 것일 뿐이었다. 나는 비행기와 무대에서 살면서 언제나 여기서 저기로 가는 중이었다. 나는 내가 연주하는 음악을 너무 잘 알고 있어서 들을 필요조차 없었다. 토씨 하나 틀리지 않고 한결같이 나는 내 다음 비행기를 걱정했다. 가끔 공연이 끝나고, 팬들에게 둘러싸여 있을 때도 나는 내가 없는 것처럼 두 눈이 흐리멍덩했다. 그러나 대부분 나는, 끊임없이 확인, 전화, 문자발송, 연습, 스케줄링, 공연, 그리고 또다시 여행으로 벌집이 없는 꿀벌처럼 몹시 바빴다. 나는 성공과 피상적인 삶 속에서 길을 잃었다.

어느 날 나는, 다른 도시에서 수천 명의 사람들이 나를 기다리고 있는 상황에서, 끔찍한 폭풍때문에 공항에 고립되었다. 화가 나서 나는 서류가방을 땅바닥에 내동댕이치며 소리를 질렀다. 수백 장의 악보들이 공중으로 흩어졌다. 악보들이 눈송이처럼 떨어져 내릴 때 더없이 이상한 일이 일어났다. 나는 미친듯이 웃기 시작했다. 곧 내 주위의 사람들도 같이 따라 웃기 시작했다. 그리고 나는 나도 모르게 바이올린을 집어 들고 그냥 재미로 연주를 했다. 그것은 마치 내 악기를 통해 연주되는 천사들의 교향곡처럼 느껴졌다. 기쁨의 눈물이 볼을 타고 흘러내렸다. 나는 한번도 그렇게 존재한 적이 없다. 모두의 정신이 고양되었다. 그리고 그 순간부터 나는 모든 것이 잘 되어 갈 것이라는 것을 알았다.

당신에게 주는 선물

나는 당신에게 커다란 안도감을 가져다주려고 왔다. 아마도 당신의 마음은 무엇을 할지 당신에게 말해주느라 바쁠 것이다. 그래도 괜찮다. 그러나 이 순간만큼은 당신을 초대해, 걱정하고 있는 당신의 마음에게 부드럽게 미소지어 주라고, 그리고 모든 것이 다 잘 될 꺼 라는 것을 알라고 말해주고 싶다. 지금 당장 해야 하는 일은 없다. 아무 일도 일어나지 않는다. 그냥 심호흡을 하고, 당신의 삶은 당신이 생각하는 것보다 훨씬 더 위대한 어떤 손 안에 있다는 것을 알라. 당신이 이 순간과 하나임을 느끼지 못한다고 해도 당신은 절대적으로 바로 지금 여기에 있다. 약속한다. 현재라는 경이로움 속에서 즐거워하라. 그러면 순수한 자기확신이 당신에게 올 것이다.

명상할 질문

- 당신은 자신의 삶이 없다고 느끼는가? 마지못해할 뿐 진정한 당신은 거기 없는 것처럼 느끼는가?

- 속도를 늦추는 것이 불가능하다고 느껴지는가? 정신없이 바쁜 그 모든 활동들을 그만둔다면, 일어날 지도 모를 일을, 혹은 모를 느낌을 두려워하는가?

- 어떤 상황에서 (그리고 누구와 함께) 당신은 현존하는 것이 더 쉬운 것을 발견하는가? 상황과 사람 중에서 어느 쪽이 좀 더 어려운가?

- 거울 앞에 몇 분 동안 서있어 보라. 자신의 눈을 들여다보라. 누군가가 거울 속에 있는가? 당신이 좀 더 오랫동안 자신을 쳐다보고 있을 수 있는지 보라. 당신은 긴장을 푸는 방법을 찾을 수 있는가? 자신의 눈을 들여다볼 때 생겨나는 생각들과 감정들을 주목해 보라. 이 경험으로 당신이 배운 것을 일기장에 써보라.

[21] 권위(Authority)

오로지 통제하기를 포기한 사람들이 궁극적으로 통제의 지위를 갖게 될 것이다.

재능: 권위(Authority)

그림자: 통제(Control)

깨어남: 용기(Valor)

프로그래밍 파트너: 48

~ 리차드 러드

나의 위즈덤 스토리

나는 신탁을 물려받을 금수저 아기로 태어났다. 아버지가 비즈니스 거물들과 닫힌 문 뒤로 사라져 세상을 지배하는 동안, 어머니는 완벽하게 손질된 손톱과 사교적 예의를 갖추고 집안을 다스렸다. 부모님은 나를 키울 때, 통제와 잔소리가 심했고, 나는 순종적이었다. 나는 부모님이 하인들을 대하는 방식이 당혹스러웠고, 하인들이 속으로 나처럼 부모님을 경멸하지 않을까 의심했다.

운전면허를 따자, 나는 약간의 현금을 쥐고 집을 나가며 부모님과 나의 신탁을 먼지 속에 버렸다. 나는 아무 계획도 없었고 대학도 가지 않았다. 내가 신경쓰는 것은 단지 숨막히고 가혹한 부모님의 세상에서 자유로워지는 것 뿐이었다. 그래서 나는 임시직으로 일을 하며, 여기저기 흘러 다녔고, 내가 더 이상 도도한 엘리트를 대변하지 않는다는 사실에 신이 나 흥청망청 살았다.

그러나 경제적 여유가 사라졌을 때, 나의 모험심 또한 사라졌다. 부모님에게 다시 받아 달라고 부탁하기가 너무 굴욕적이어서, 나는 우리집 뒤에서 내 차 안에 살며, 버려지는 음식 쓰레기를 먹었다. 하녀 한 명이 그곳에서 나를 발견했고, 자기집으로 들어오라고 나를 잡아 끌었다. 그녀의 가족은 가진 것이 거의 없었지만, 모든 것을 나에게 주었다. 나는 너무나 고마웠고, 겸손해졌다. 나는 내가 얼마나 신랄하고 이기적이 되었는지 알았고, 사회에서 가난한 자들을 무시하는 부모님의 편협함과 이기주의를 내가 얼마나 깊이 원망하는지를 깨달았다. 그리고 무엇보다, 내 자신과 다른 사람들에게 전혀 도움이 되지 않는 응석받이로 나를 키운 것에 대해 부모님을 원망하고 있는 것을 알았다. 나는 아버지처럼 돈에 짓눌려 있었고, 어머니처럼 진짜 세상으로부터 단절되어 있었다. 내가 진정으로 쓸모있는 사람이 되기를 원한다면, 나는 삶에 대한 책임감을 가져야 했다.

그 시점 이후부터 내 가슴이 책임을 넘겨 받았다. 나는 나를 돌봐준 이 가족에게 보답하고 궁핍한 사람들에게 봉사하고픈 깊은 욕구에 사로잡혔다. 나는 행동하게 되었고, 다시 세상과 연결되었고, 드디어 부모님과 화해하게 되었다. 부모님의 자원을 거부하는 대신 나는 부모님이 부모님을 위해 일하는 사람들도 인간임을 인식하도록 고취시켰다. 나의 부모님은 이제는 내 활동의 가장 큰 경제적 조력자가 되어 집 없는 사람에게 집을 주고, 음식사막에 밭을 일구고, 누구도 귀기울이지 않았던 사람들을 대변하고 있다. 나의 가슴이 열리면 열릴수록, 생각지도 못한 곳에서 나는 사람들에게 더욱더 헌신적인 애정을 불러일으키고 있다.

당신에게 주는 선물

나는 진정한 힘은 돈이나 통제와는 아무 상관이 없다는 것을 나누려고 왔다. 진짜 힘은 가슴으로 말하고 행동하고, 봉사하려고 하는 깊은 욕구가 당신의 모든 행동의 기초가 되는 것에 대한 것이다. 자신의 삶에서 진정한 권위자가 되는 것은 당신이 항복하는 것과, 삶이 당신에게 어떤 길을 가져다 주든지 열정과 감사와 책임감을 가지고 일어서서 맞이하는 것을 요구한다. 당신은 자신의 권위를 가지고 당신이 가는 곳마다 연결성과 충성심을 고취시키는 것을 알게 될 것이다. 당신이 대변하는 사람들은 - 그들의 역할이 무엇이든 간에-, 힘이 부여되는 것을 느끼고, 열정적이 되고 존중받는 것을 느낄 것이다. 당신의 삶에서 사람들이 모여 있을 때 사람들의 의지에 깊이 귀를 기울일 시간이다. 그리고 그들 편에서 진심으로 행동할 시간이다. 당신이 할 수 있음을 나는 안다. 그리고 당신은 바로 그 믿음에 걸맞는 사람이 될 시간이다.

명상할 질문

- 당신의 삶에서 통제받는다고 느끼는 곳은 어디인가?
- 통제받는다는 두려움이 당신의 삶을 어떻게 몰고 가는가? 혹은 당신이 결정을 내리는 데 어떤 영향을 주는가?
- 당신은 자신의 힘을 오용할까 두려워 전혀 그 힘을 사용하지 않고 있는가?
- 당신이 통제를 하는 경향이 있는 관계는 어떤 관계인가? 복종하는 경향이 있는 관계는?
- 당신이 경험한 최고의 관계들을 다시 생각해보라. 당신이 항복할 만큼 충분히 안전하다고 느끼게 만든 조건은 무엇인가? 당신 자신의 권위를 가질 수 있는 조건은 무엇인가?
- 당신의 인생에서 좀 더 항복할 수 있는 곳은 어디인가?

[22] 정중함(Graciousness)

정중함은 당신이 행하는 모든 것에 배려심을 가지고 품위있게 행동하는 것을 의미한다.

재능: 정중함, 친절함(Graciousness)

그림자: 불명예(Dishonor)

깨어남: 우아함, 은총(Grace)

프로그래밍 파트너: 47

~ 리차드 러드

나의 위즈덤 스토리

　나는 명성을 대단히 중요하게 신경쓰는 존경받는 집안에서 태어났다. 그러나 겉치레의 이면에는 끔찍한 일이 일어나고 있었다. 내 몸이 아름다운 젊은 여성의 신체로 변화하기 시작할 때, 존경받던 가족의 일원이 나를 성적으로 학대했다. 나는 일어나고 있는 일에 대해 누군가에게 말하기가 너무 두렵고 부끄러웠다. 그 대신, 나는 아무것도 느끼지 않으려고 필사적으로 노력했다. 내 가슴에서 금지된 느낌이 일어날 때마다, 나는 마루바닥에 몸을 던지고, 신에게 나를 착하고 경건하게 만들어 달라고 기도했다. 내가 어린 소녀로서는 매우 드문 종교적 열정을 보여줬기 때문에, 나는 외딴 수도원으로 보내져 공부와 기도의 검소한 삶을 살게 되었다.

　안전한 장소에서 살게 되어 안도하면서, 나는 모든 물질적인 것들을 기꺼이 포기했고, 순결서약을 하고, 내 인생을 이타심에 헌신했다. 수도원에서, 나는 모두에게 적절하고 안정되고 귀를 기울여 열심히 이야기를 들어주는 사람이었다. 그러나 마음 속에서는 종종 차마 받아들일 수 없는, 표현할 수는 더더구나 없는 부적절한 감정들로 끓어올랐다. 나는 내 고통을 신뢰하지 않았고, 내 아름다움을 거부했고, 내 요구들을 미워했고, 내 욕구들을 판단했다. 나는 심지어 내가 아플 때조차도, 누가 도움을 요청하면 '안돼'라고 말하지 못했다. 내 안에서 열정과 분노, 또는 성적인 감정들이 조금이라도 느껴지면 혐오스러웠다.

어느날, 기도모임에서, 한 수녀가 용감하게도 어릴 때 강간당했던 경험에 대해 이야기를 했다. 그녀가 이야기를 하는 동안, 내 몸은 밀어닥치는 기억들과 굴욕감, 수치심에 마구 얻어맞았다. 신을 올려다보며 그 감정들이 사라지게 해달라고 기도하는 대신, 나는 두 손에 머리를 파묻고 흐느껴 울었다. 내 인생에서 처음으로, 나는 나에게 일어났던 일에 대해 나누었다. 나는 어느 누구에게도, 심지어 내 자신에게조차 아무것도 숨기지 않았다. 내 과거의 고통, 수치심 그리고 외로움이 목에서 쏟아져 나올 때, 모든 기도의 시간들 속에서 한번도 경험하지 못했던 어떤 빛과 사랑이 가슴에 내려옴을 느꼈다. 그리고 눈을 떴을 때, 나는 우주전체가 노래하는 것같이 느껴지는 그런 사랑과 연민, 존경을 만났다. 이제 나는 내 자신을 내가 다른 사람들을 존중하는 것만큼 깊이 존중한다. 나는 더 이상 내 아름다움을 숨기거나, 내 한계들을 수치스러워하거나 내 감정을 우아하게 세상과 교류하는 것을 억제하지 않는다.

당신에게 주는 선물

나는 당신에게, 사랑할 가치가 없는 것, 혹은 존중받을 가치가 없는 것은 그 어떤 것도 당신에게 없다는 것을 말해주러 왔다. 당신이 숨기거나 제거해야 한다고 생각하는 바로 그것들을 보고 느끼고 표현할 필요가 있다. 아무것도 밀어내지 마라. 투명함은 은총으로 향하는 궁극의 길이다. 당신 자신의 모든 부분 - 모든 감정, 모든 고통스러운 경험에 대하여 - 흔들림없이 정중하라. 당신 안에 있는 모든 것을 존중함으로써, 당신은 더없이 괴로운 순간에서도 시와 음악을 체험하게 될 것이다. 당신은 인간적인 친절함이라는 우유로, 사람들의 감정과 가슴과 영혼을 어루만지며 자연스럽게 그들에게 정중해지는 자신을 발견할 것이다. 그리고 그들은 당신앞에서 꽃이 필 것이다. 당신의 핵심에서, 당신은 찬란하게 독특한 은총의 현시이다. 자신의 고통에 경의를 표하라. 그러면, 당신은 세상에서 당신의 재능을 발견하게 될 것이다.

명상할 질문

- 당신은 당신자신이나 다른 사람들에게 굴욕감을 주는 방법이 있는가?

- 겉으로 당신은 친절하고 안정되고 사람들의 말에 잘 귀 기울이는 것처럼 보이지만, 내면으로는 화가 나고, 분개하고, 금지된 욕망으로 가득차 있는 것처럼 느껴지는가?

- 여전히 당신은 내면에 폭발할 것을 많이 가지고 있는가? 그 결과가 당신과 주변사람들에게 어떤 영향을 미치는가?

- 당신이 나쁘거나 부적당하다고 거절했던 당신의 어떤 부분 (어떤 감정이나 경험)을 생각해 보라. 당신은 어떻게 그것을 포용할 수 있는가?

- 당신은 어떻게 당신의 삶 속으로 좀 더 정중함을 가져올 수 있는가?

[23] 단순함(Simplicity)

단순함을 좋아한다면, 당신은 당신주변을 단순하게 만들 것이다.

재능: 단순함(Simplicity)

그림자: 복잡함(Complexity)

깨어남: 본질, 정수(Quintessence)

프로그래밍 파트너: 43

~ 리차드 러드

나의 위즈덤 스토리

나의 부모님은 상류층의 하인이었다. 살기 위해서, 부모님은 눈에 띄지 않는 조용한 사람이 되는 법을 배웠다. 하지만 나는 아니었다. 어머니는 내가 태어날 때부터 내 마음을 말하려는 충동을 갖고 있었다고 했다. 그리고 나는 대화의 공백을 메울 수 있는 것들로 내 마음을 채우느라 바빴다.

젊은 처녀가 되자 나의 마음은 지식과 정보들, 인용과 이론들로 분주했고, 내 입에서는 모든 것에 대한 복잡한 설명들이 쏟아져 나왔다. 가는 곳마다 나는 진리를 제공했다. 그리고 나는 마치 그들이 내 머리 속에서 살고 있기라도 하듯이 내가 하는 말을 모두가 다 안다고 생각했다. 내가 종종 잘못된 것을 잘못된 시간에 말한다거나, 혹은 내게서 진정한 답을 얻었다는 느낌을 가진 사람이 아무도 없다는 것은 조금도 생각해보지 못했다.

드디어 어느 날, 사촌이 솔직하게 말했다. 자기는 내 얘기를 듣는 게 지루하고 내가 하는 얘기가 너무 산만하고 단편적이라 도대체 이해할 수가 없다며, 그녀는 내 말이 실제로는 사람들에게 상처를 주고 있다고 말했다. 나는 충격을 받았고, 부끄러웠다.

하지만 또한 깨어났다. 그리고 조용히 듣기 시작했다. 삶에서 처음으로 나는 속도를 줄이고 고통스러운 침묵 속에서 평생을 살아온 부모님의 이야기에 귀를 기울일 수 있었다. 그리고 내 안에도 부모님의 고통과 분노가 있음을 깨달았다. 말하면 안 된다는 두려움, 귀머거리 장님이 되어야 한다는 두려움

속에서 나는 그때까지 살아왔던 것이다. 지금은 침묵과 단순함보다 더 좋아하는 것은 없다.

나의 집도 내 마음만큼이나 말끔히 정리되었다. 내가 주위에 있으면 문제들이 저절로 해결된다. 어려워 보이는 것들이 쉬워진다. 들을 때는 삶의 모든 것에 귀를 기울여 듣는다. 나는 말하지 않고 지내는 것을 좋아한다. 그러나 내 목소리를 사용할 때는 적절한 순간을 기다려 요점만을 가지고 가슴에서 말한다.

당신에게 주는 선물

행복해지고 싶은가? 내가 여기 있는 것은 행복을 계속 단순하게 생각하고 모든 것을 내려놓고 천천히 다가가라고 격려해 주기 위해서다. 모든 문제를 다 해결하지 않아도 된다. 자기 마음과 환경 속에서 잡동사니들을 찾아낸 다음, 그것들을 모두 내다버려라. 그 모든 것을 해결해야 한다는 부담감으로부터 벗어 날 때 몸이 얼마나 홀가분해지는지 알아차려라. 삶은 그만의 방식으로 매듭들을 풀어나간다는 것을 신뢰하기 바란다. 자신의 삶 위로 떠올라 위에서 내려다보고 있는 자기 자신을 상상해보라. 당신이 초조해하고 있는 그 많은 것들이 진정으로 그렇게 초조해할 필요가 있을까? 더 깊이 고요해져라. 산책을 나가라. 꽃향기를 맡고, 미풍이 살랑거리는 소리에 귀를 기울이고, 그 소리를 들으며 뱃속 깊숙이 심호흡을 하고, 그것을 모두 꼭 머리 속에 정리정돈해 놓을 필요가 없다는 것을 자신에게 일깨워주라. 정확히 있는 그대로의 순간을 받아들이는 연습을 하며…. 일어나는 일을 보라. 당신의 생각 아래에 당신의 진정한 앎이 존재한다. 그 앎이, 부드러운 가슴이, 달콤한 단순함으로 이끌어 가도록 허락하라.

명상할 질문

- 당신은 두려움 때문에 입이 안 떨어지는가, 말이 너무 많은가, 혹은 잘못된 것을 말하는가?

- 말할 것이 있는데도, 입을 다물고 있으라고 배웠는가? 자신이 진정으로 느끼고 생각하는 것을 좀처럼 나누지 않는가?

- 어디에서 당신은 불필요하게 자신의 삶을 더 복잡하게 만들고 있는가? 당신의 삶에서 더 단순해질 필요가 있는 곳은 어디인가?

- 자신의 삶에서 해결할 필요가 있는 부분을 골라보라. 이번 주에 뭔가를(생각을, 느낌을, 대상을, 관계를) 놓아버리는 것에 전념해 보라.

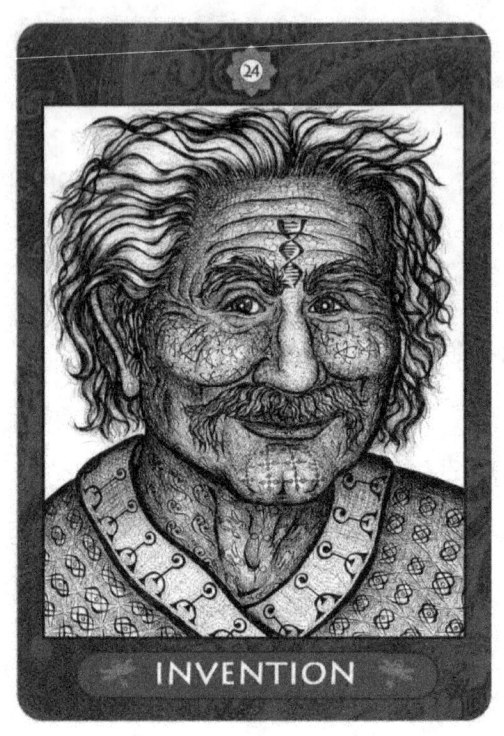

[24] 발명, 창의성(Invention)

24 번째 유전자 키의 재능은 진정으로 마법적이며, 천재에 대한 비밀을 담고 있다. 천재는 수평적 사고를 훌쩍 뛰어 넘는다 – 그것은 양자도약을 하는 능력이다.

재능: 발명, 창의성(Invention)

그림자: 중독(Addiction)

깨어남: 침묵, 고요함(Silence)

Programming Partner: 44

~ 리차드 러드

나의 위즈덤 스토리

나는 만족할 줄 모르는 호기심을 가진 예민한 소년이었다. 논리와 학문에 대한 깊은 사랑을 가지고 있는 부모님은 수학에서부터 화학, 물리학까지 모든 것을 공부하도록 나를 격려했다. 패턴을 예측하고 문제를 푸는 나의 뛰어난 재능을 교수님들이 알아보았고, 결국은 온세상에 알려졌다.

청년이 될 무렵에는 우리가 공유하는 미래에 대한 가장 어려운 몇 가지 문제들의 답을 얻기 위해 많은 사람들이 나의 두뇌를 의지했다. 그 압박이 점점 고조되어가자 실수의 여지나 감성적이고 자유로운 시간, 혹은 지금 이 순간을 위한 여유가 거의 없어졌다. 한번은, 문제를 풀고 있는데, 마음이 계속 돌고 돌았다. 몸이 굳어지고 나는 공황상태에 빠지기 시작했다. 나는 얼어붙었다. 실패와 공허감이 밀려왔고, 나는 그 무서운 느낌에 어떻게 대처해야 할 지 몰라 술을 마셨다. 그것이 나의 몸과 마음을 풀어주었다. 그리고 신기하게도 내가 고대하던 해결책이 저절로 떠올랐다.

그 후부터 문제가 풀리지 않거나 불안감이 느껴지면 술을 마시게 되었다. 문제가 크면 클수록 술을 더 많이 마셨다. 내가 나의 중독을 깨닫고 다음의 사실을 받아들이기 까지는 깊은 우울과 몇번의 위기를 겪었다: 절대로 벗어날 수 없구나, 갈 곳이 아무데도 없구나, 그렇게도 피하려고 발버둥쳤던 공허감과 불안과 고통을 끝내 줄 수 있는 것이 바깥세상에는 아무것도 없구나.

그래서 나는 나의 지성을 안쪽으로 돌렸다. 나는 나의 마음을 사용해서 마음 그 자체를 지켜보았다. 그리고, 그 패턴들과 악순환의 고리들을 인식하는데 능숙해지자 그것들은 그냥 자연스럽게 힘을 잃기 시작했다. 나의 무지와 고통, 혹은 알지 못하는 것과 마주칠 때마다 나는 그것을 밀어내거나 무감각해지지 않고 그 속으로 들어갔다. 이제 나는 막힌 고리가 아니라 나선형으로 생각한다. 미지의 것을 환영하고, 삶의 신비를 즐거워하고, 문제를 푸는 것보다 창조적인 발명과 혁신을 더 소중하게 여긴다 - 물론 문제를 푸는 나의 요령은 계속 커지고 있지만. 나의 가장 창조적인 순간과 번뜩이는 통찰들은 내가 아무것도 하지 않거나 꿈을 꾸고 있거나 휴식하고 있을 때 자주 일어난다. 미술, 음악, 철학, 신화학(神話學)과 심리학들이 어떻게 내가 하는 모든 일들과 연결되는지를 보고 끊임없이 나는 놀라고 있다.

당신에게 주는 선물

나는, 중독이란 당신이 무엇을 하느냐라기보다 어떻게 생각하느냐에 대한 것이라는 것을 당신에게 말해주기 위해 여기 있다. 그리고 특히, 당신이 자신의 삶에서 알지 못하는 것, 자기자신의 무지, 귀가 먹먹한 침묵과 내면의 공허와 맞닥뜨리게 되는 그러한 순간에 당신이 어떻게 생각하는지에 대한 것이다. 생각과 소리들 사이, 심지어 당신의 맥박과 갈망들 사이의 공간에 모든 가능성의 세계가 존재한다. 삶에서 당신이 할 수 있는 가장 어렵지만 가장 보답이 큰 것 중의 하나가 그러한 틈들을 당신의 자각 속으로 받아들이는 것이다. 자신의 불안감을 밀어내지 말라. 그 구멍들을 채우지 말라. 당신이 공허함과 싸우지 않고 불확실함과 친구가 될 때, 발명에 대한 창조적인 삶과 사고에 대한 당신의 재능이 꽃필 것이다.

명상할 질문

- 당신은 공허하거나 불안한 순간들을 어떻게 대처하는가?

- 당신은 자신의 삶에서 어떤 역할에 중독되어 있는가?

- 자기자신을 마비시키거나 빈 구멍을 채우려고 어떤 물질이나 행위나 행동을 이용하고 있는가?

- 오늘 공허한 느낌이 생기는 것에 주의를 기울여보라. 과자, 커피, 맥주나 TV 리모컨, 전화기나 컴퓨터에 손을 뻗기 전에 3분 동안 정지하고 호흡하라. 그리고 무슨 일이 일어나는지 보라.

- 자신의 삶에서 당신이 혁신적이라고 느끼는 곳은 어디인가?

- 당신 속에서 태어나기를 원하는 새로운 무엇이 있는가?

- 당신의 삶에서 외적으로, 내적으로 좀 더 침묵하게 해주는 간단한 방법 하나를 찾아보라.

[25] 수용(Acceptance)

사랑의 길은 수용의 길이다. 자기 자신에 대한 어떤 것을, 특히, 불편한 어떤 것을 받아들이기 위해서는 먼저 그것을 인식해야 한다.

재능: 수용(Acceptance)

그림자: 수축, 압박(Constriction)

깨어남: 우주적 사랑(Universal Love)

프로그래밍 파트너: 46

~ 리차드 러드

나의 위즈덤 스토리

나는 엄격한 가정에서 자랐다. 우리 집안은, 남자는 강해야 한다고 생각했다. 사랑하는 형이 병으로 죽었을 때도 나는 우는 것이 허락되지 않았다. 나는 그 모든 아픔과 연약함을 내 속에 깊이 묻어두고 안으로만 간직했다. 나는 젊은 나이에 결혼을 했다. 아내는 착하고 세심한 여자였다. 그녀는 가정을 돌보고 두 아들을 낳아 주었다. 나는 돈을 벌어 가족을 먹여 살렸지만 정서적인 면들은 억제하고 무시했다. 아내는 가끔 나에게 행복하냐고 물었다. 뭐라고 대답할지 몰라서 나는 그저 좋다고만 말했다.

큰 아들이 죽었다. 아내는 가슴이 찢어지는 아픔 속에서 눈물이 마를 날이 없었다. 반면에 나는 얼음처럼 변했다. 나는 죽은 아들의 이름을 입 밖에 내지 못하게 했고, 아내에게 아들을 떠올리게 하는 것은 모두 치워버리게 했다. 그 다음부터 나는 내가 가진 것에 집착했다. 집, 돈, 아내, 아들, 그것들은 모두 내 것이었다. 나는 아내와 둘째아들이 집을 떠나지 못하게 했다. 그들이 감정적으로 약한 모습을 보이면, 나는 벌컥 화를 내거나 차가워졌다. 이따금 나는 호흡곤란을 느꼈다. 매일 매 순간에 스며 있는 원초적인 두려움이 나를 삼키고 있었다. 나는 그 두려움을 증오했고, 그것을 떠올리게 하는 사람에게는 호통을 쳤다. 아무도 내게 다가올 수 없었다.

아내가 죽은 아들의 사진을 계속 간직하고 있는 것을 발견했을 때였다. 나는 아내를 때리려고 손을 치켜 들었고, 작은 아들이 공포에 질리는 것을 보았다.

나는 나뭇잎처럼 몸을 떨면서 마룻바닥에 주저앉았다. 나에게 그럴 자격이 없는데도 아내와 아들은 내 눈물이 내 가슴을 다 녹일 때까지 나를 안아주었다. 내 숨이 깊어지고, 내 몸에서는 지금껏 억눌러왔던 슬픔이 한꺼번에 터져 나왔다. 마침내 이제껏 알지 못했던 사랑과 가벼움 - 그리고 부드러움 -이 나와 아내와 아들에게 찾아왔다.

오래 전의 일이었지만, 그 날이 사랑과 시와 빙글빙글 도는 춤과 신비한 찬양으로 가득 찬 기쁨이 넘치는 축복받은 가정생활의 시작이었다. 나의 눈을 들여다보라, 그러면 자신의 가장 어두운 상처를 받아들이는 것에서 나오는 - 그리고 그 속으로 받아들여지는 것에서 나오는 - 사랑을 느낄 수 있을 것이다.

당신에게 주는 선물

당신의 눈을 들여다볼 때 나는 때묻지 않은 순진무구함과 믿음을 본다. 당신의 삶에서 무슨 일이 일어나더라도 전혀 손상받지 않고 고스란히 남아 있는 깊은 낙천주의가 보인다. 자기 자신이나, 누군가를 진정으로 받아들이는 것이 얼마나 힘든 일인지를 나는 경험해봐서 안다. 당신도 나처럼 이 삶에서 시험을 치르게 될 것이다. 내가 여기 있는 이유는 아무리 깊고 고통스러울지라도 자신의 가장 깊은 상처를 껴안을 수 있게 되면, 참을 수 없거나 포용할 수 없는 상처는 세상 어디에도 없다는 것을 알게 될거라고 당신을 안심시켜 주기 위해서다. 걱정과 원망들은 자연스럽게 떨어져 나갈 것이다. 그리고 어디를 가든 자신이 그 일원임을 가슴 깊이 알게 될 것이다. 나는 절대적인 우주적 사랑의 따뜻함으로 당신을 감싸 주러 왔다.

명상할 질문

- 자신의 과거에서 아직 완전히 받아들이고 있지 않는 경험은 무엇인가?

- 당신은 느끼기를 거부하는 상처는 무엇인가? 어떻게 그 상처를 표현할 수 있을까? 사람에게? 시로?

- 자신의 고통에 대해 마음을 열고 더 큰 사랑의 가능성과 세상과의 더 깊은 연결을 느껴본 적이 있는가?

- 언제 당신은 우주적인 (보편적인) 사랑을 체험하는가? 그것은 어떤 느낌인가?

- 당신이 아주 큰 상처를 지니고 있다고 느낀다면, 당신의 손을 잡아줄 수 있는 누군가 (카운셀러, 치유사, 혹은 영적인 가이드)에게 지원을 요청해서 그것을 '받아들이고' 자신의 가슴을 열 수 있는 길로 나아가기를 권유한다.

[26] 뛰어난 기교(Artfulness)

26번째 재능은 완전한 자각 속에서 자기비판없이 자신의 자아를 축하한다.

재능: 기교가 뛰어난, 예술적인(Artfulness)

그림자: 자만심(Pride)

깨어남: 눈에 보이지 않음, 불가시성(Invisibility)

프로그래밍 파트너: 45

~ 리차드 러드

26

나의 위즈덤 스토리

나의 아버지는 열심히 일하는 보수적인 사람이었다. 아버지는 늘 말했다. "고통이 없으면 얻는 것도 없다." 아버지는 연기를 하고 싶어하는 나의 바램을 절대로 이해하지 못했다. 그래서 나는 아버지가 틀렸다는 것을 보여주고 아버지를 - 그리고 나자신도- 뿌듯하게 만들겠다는 임무를 계속 수행해 나갔다. 나는 존경받는 유명한 배우가 될 것이었다. 만약 제작자에게 애교를 떨어야 하고 팬들을 꼬셔야 하거나, 경쟁자를 공공연히 비판해야 한다면, 그렇게 할 것이었다. 나의 '단호한' 전략이 통했다. 나는 완전히 내 의지력으로 성공의 사다리를 타고 올라가 유명해졌다. 모든 블록버스터 영화에 출연하면서 나는 내가 잡은 모든 기회를 자랑했다. 내가 인기가도를 달리며 팬들에게 구애하는 동안 나의 홍보팀들은 내 유명세의 단물을 빨아먹으며 뒷처리를 했다. 나는 스트레스에 쩔어 있었다. 단 한순간도 쉴 수가 없었고 급기야 면역체계가 무너졌다. 육체적 힘과 더불어 나의 명성이 시들어 가는 것을 지켜보면서 나는, 내가 항상 사라지고 있는 것을, 항상 나의 삶이 보잘것 없음을 발견하는 것을 얼마나 두려워하고 있는지를 알게 되었다. 나에게 약하거나 연약해 보이는 사람들을 속이고 경멸했던 그 모든 방법에 나는 죄책감을 느끼기 시작했다. 항상 내 것이라고 믿었던 꿈들, 그리고 성공이라고 배웠던 모든 것들에 대해 나는 의문을 가지기 시작했다.

아픈 몸 덕분에 나는 세상에 나의 의지를 강요하지 못하게 되었고, 내면에 귀를 기울이기 시작했다. 시간이 흐르면서 나는 더 고요해진 것을 느꼈고,

나의 가슴은 더 따뜻해졌다. 내 안에 새로운 의도가 자라남에 따라 나의 면역계가 튼튼해졌다. 나는, 단지 나의 가치를 증명하기 위해서가 아니라, 나의 예술을 통해 세상에 봉사하고 싶었다. 그래서 나는 좀 더 작은 무대를 위한 희곡들 - 인간의 경험과 겸손, 삶, 사랑에 대한 - 을 쓰기 시작했다. 창조적인 과정에 대한 나의 열정은 아주 자연스럽게 적절한 사람들의 주의를 끌었다. 나의 삶에서 처음으로 마법이 작동되고 있는 것 같았다. 여전히 나는 스포트라이트 받기를 좋아하지만, 이제 더 이상 나 자신을 팔고 있지 않다는 것을 안다. 나는 사랑을 팔고 있다.

당신에게 주는 선물

나는 당신의 '예술적인 기교'를 인정해주기 위해 여기 있다. 나는 당신이 가슴으로부터 장사를 할 시간일 때 온다. 당신이 세상과 나누기를 원하는 가장 중요한 메시지는 무엇인가? 당신의 '사랑'은 어떻게 표현되고 싶어 하는가? 당신이 제공해주는 것 뒤에 숨어 있는 더 깊은 의도는 무엇인가? 당신이 세상과 진실된 재능을 나눌 때, 당신은 두려움을 만들어내는 능력으로 세계를 더욱 배려심이 있고 영감이 넘치는 장소로 "바꾸고 있음"을 알라. '의도'와 '의지'가 같은 것이 아님을 명심하라. 자신의 의지를 통해서만, 혹은 마음에게 지배권을 넘겨줌으로써만 자신의 목적을 이룰 수 있다는 생각을 버려라. 거의 언제나 당신의 마음은 당신이 무엇을 원하는지조차 모른다. 나는 더 깊이 들어가라고 당신에게 요청하고 있다. 그리고 당신이 뻗어 나가고 있는 동안 자신의 자부심과 에고를 비판하지 말라. 꿈을 실현하는 그것들의 능력을 찬양하고 포용하라.

명상할 질문

- 자부심이 당신의 삶에서 어떻게 표현되는가? 공공연하게 밖으로? 표면아래에서? 정직하라.

- 자라면서 당신은 '자기자신을 파는 것', 혹은 '성공'이라고 여기는 것이 무엇이라고 배웠는가? 만약 자신의 의지력을 사용하지 않는다면 이루어지는 일이 없다고 배웠는가?

- 당신의 의지로 너무 강하게 밀어붙이고 있는 곳은 어디인가?

- 창조적인 과정과 관련해서 마법적인 동시성을 체험했던 때를 생각해보라. 그때 당신은 어떤 태도를 가지고 있었는가?

- '예술적인, 기교적인' 삶을 산다는 것이 당신에게 무슨 의미인가?

- 자신의 삶에서 좀 더 편안하고 마법적일 수 있는 간단한 방법을 찾아보라.

[27] 이타주의(Altruism)

사람들에게 단순히 베풀기 위해서 줄 때 당신의 몸 속 깊은 곳에서 건강한 흐름들이 활성화된다.

재능: 이타주의(Altruism)

그림자: 이기주의(Selfishness)

깨어남: 무아(Selflessness)

프로그래밍 파트너: 28

~ 리차드 러드

27

나의 위즈덤 스토리

우리 마을 사람들은 '이기주의'를 경멸했다. 높은 지위와 존경은 관대한 베품과 개인적인 희생을 통해 얻는 것이지, '자기중심적인' 축적과 개인의 성취를 통해 얻는 것이 아니었다. 손으로 뭔가를 잡을 수 있는 순간부터 나는 내 손에 있는 것을 내주는 법을 배웠다. 생일날에는 나의 손님들에게 선물을 주었다. 행사에 참여할 때는 선생님과 내 주위 사람들에게 선물을 했다. 젊은 처녀가 되었을 때 나는 불평없이 기꺼이 가족에게 봉사했다. 그러나 내가 당연히 줄 거라고 기대하는 일들이 생기고, 나는 이용당하는 느낌과 무례한 느낌을 받았다. 비록 속으로는 화가 나고 분노가 일었지만, 어쨌든 나는 주었다. 왜냐하면 그것이 올바른 공동체의 한 사람으로서 해야 하는 일이기 때문이었다. 이따금 나는 내가 속으로 그 사람들에게 뭔가를 – 그들의 존경심, 그들의 사랑, 칭송, 감사 – 를 원하고 있기 때문에 주고 있는 나 자신을 발견했다.

언젠가, 모든 마을 사람들에게 식사를 대접하려고 나는 여러 날에 걸쳐 음식장만을 했다. 그때 내가 정말로 하고 싶었던 것은 동생들과 강에서 수영하는 것이었다. 이런 나의 '자기희생'은 아무도 알아주지도 고마워하지도 않는 것 같았다. 무의식 중에 나는 만들고 있던 또르띠야를 두들기며 분풀이를 했다. 그 식사를 하고 나서 마을 사람들 일부가 탈이 났고, 나는 몹시 겁이 났다. 나의 자기중심적인 마음이 음식을 독이 되게 했다고 내가 장로들에게 고백하려는 찰나에 나의 할머니 – 밭일책임자– 가 일어서서 마을사람들에게 식중독이 발생한 건 옥수수를 제대로 돌보지 못한 자기 잘못이라고 말했다. 그리고나서 할머니는 나에게 눈을 찡긋거리며 손가락으로 강 쪽을 가리켰다. 그날 저녁 나는 강물에 잠겨 달을 쳐다보며 할머니가 진정한 '이타주의'의 의미를 내게 가르쳐 주셨음을 깨달았다.

당신에게 주는 선물

당신의 인간관계에서 주는 것에 대해 정직하게 바라볼 시간이다. 자신의 가슴에서 우러나와서 주고 있는가? 혹은 자신의 에너지를 그냥 주어버리는가? 당신은 아무 조건없이 주고 있는가? 혹은 숨은 의도를 가지고 있는가? 당신은 생의 첫 7년동안 '이기주의'와 '이타주의'에 대해서 무엇을 배웠는가? 나는 당신에게 자신의 베풂에 대한 통찰력을 가지라고 요청한다. 자신들이 받은 선물을 사용할 수 있는 사람들, 비옥한 사람들, 줄 만한 이유가 있는 사람들에게 주어라. 만일 당신이 화가 나거나 분노를 느끼고 있다면, 주지 말라. 아직은 아니다. 당신의 가슴이 열릴 때까지 기다려라. 기회가 생길 때마다 무작위적인 친절한 행위를 실천하라. 그러면 당신의 진실한 '이타주의'가 당신이 생각한 거보다 더 많은 기쁨과 풍요를 당신의 삶에 가져다 줄 것이다.

명상할 질문

- 자신에게 건강하지 않은 방법으로 스스로를 희생하고 있는 곳은 어디인가? 당신이 조건을 달면서 주고 있는 곳은 어디인가?

- 자기자신을 너무 많이 주고 나서 나중에 그것을 원망한 적이 있는가? 어떻게 하면 가득찬 잔에서 베풀 수 있도록 스스로를 더 잘 돌볼 수 있을까?

- 당신이 건강한 경계를 발견하기가 너무 어려운 곳은 어디이며, 누구인가?

- 당신은 어디에서, 그리고 누구와 함께 있을 때 '이기적'으로 되는 경향이 있는가?

- 당신이 그렇게 죄책감을 느끼지 않았더라면 다르게 했을 행동은 무엇인가? 아니면 덜 했을 행동은?

- 당신은 언제 가장 이기적으로 행동한다고 느끼는가?

- 지금 당장 순수한 감사를 느끼는 것은 무엇인가? 일기장에 적어보라.

- 오늘 누군가에게 착한 일을 해보라. - 그들이 모르게. 그것은 당신의 건강에 유익하다.

[28] 전체성, 완전(Totality)

당신이 서서히 자기 내면의 악마들과 마주할 때 깊은 곳에서 짜릿한 전율이 일어난다.

재능: 전체성(Totality)

그림자: 무목적, 무의미(Purposelessness)

깨어남: 불멸(Immortality)

프로그래밍 파트너: 27

~ 리차드 러드

나의 위즈덤 스토리

나는 예민하고 무서움을 잘 타는 아이였다. 나는 내 주위를 둘러보며 모든 것이 잘못될 수 있음을 보았다. 사랑하는 누군가를 잃어버릴 수도 있고, 지진이 날 수도 있고, 폭탄이 터질 수도 있고, 떨어져서 다칠 수도 있고, 병이 날 수도 있고, 내 심장이 멎을 수도 있었다. 어디를 둘러봐도 안전하게 느껴지지 않았다.

좀 더 나이가 들자 나는 삶에 대해, 아니 삶이라기보다 죽음을 피하는 것에 집착하게 되었다. 먼저 나는 안전과 생존에 집중했다. 건강하게 살기 위해서, 돈을 벌기 위해서, 집을 짓기 위해서, 그리고 충실한 사회의 일원이 되기 위해서, 나는 열심히 일했다. 사람들 눈에는 내가 행복하고 편안해 보였지만, 속으로 나는 공허감을 느꼈다. 깊은 곳에서 나는 알고 있었다, 내가 이보다 더 이상의 삶을 살도록 되어 있다는 것을. 그러나 나는 그렇게 하기가 두려웠다. 나는 결코 오지 않을 것 같은 준비를 기다리고 있었다.

내 두려움의 질이 변하기 시작했다. 생활비를 버는 것에 대한 걱정을 덜하게 되고, 살 이유가 없어지는 것에 대해 더 많이 걱정하게 되었다. 나는 밤의 공포를 경험하기 시작했다. 베개를 베고 눕자마자 나는 쫓기고, 그렘린들과 마주치고, 자연재해로 흔적도 없이 사라졌다. 나는 잠을 자지 않기 시작했다. 너무 무서워서 눈을 감을 수가 없었다. 그리하여 나의 삶을 의미와 안전한 느낌으로 채울 결심을 하고 눈을 크게 뜨고 무모하게 활동에서 활동으로 나

자신을 던졌다. 좀 더 위험을 감수할 수만 있다면, 혹은 좀 더 많이 할 수만 있다면, 아니면 좀 더 빠르게 그것을 할 수만 있다면… 라고 나는 생각했다.

그래서 나는 자전거를 샀다. 그리고, 헬멧도 쓰지 않고 길거리에서 넘어졌다. 나의 무모한 행동의 종착지는 병원이었다. 몇 달 동안 나는 움직이지 못하고, 눈을 감은 채 내 속의 악마들과 함께 있을 수 밖에 없었다. 거기 꼼짝없이 누워 있으면서 어릴 때부터 도망치려고 애썼던 수많은 두려움들과 마주하는 것 외에는 도리가 없었다. 고통에 대한 두려움, 즐거움에 대한 두려움, 과거에 대한 두려움, 미래에 대한, 실패에 대한, 성공에 대한, 삶에 대한, 죽음에 대한, 존재하지 않음에 대한, '무의미함'에 대한 두려움. 마침내 그 두려움에 완전히 항복했을 때 가장 이상한 일이 일어났다. 나의 모든 감각이 강렬해지고 설명할 수 없는 살아있음의 느낌이 가슴에서 솟구쳐오르며, 나의 인간혼의 영원한 본성에 압도되었다.

그 순간부터 나는 삶을 신뢰하고 삶이 내게 가져다 주는 것에 무조건 헌신했다.

당신에게 주는 선물

당신의 삶을 지연시키는 것을 멈추고 삶의 전체를 - 즐거움과 똑같이 고통을 - 받아들일 시간이다. 나는 당신에게 전체라는 선물을 가져온다. 나는 당신에게 '삶'의 신비에 자신을 완전히 맡기라고 요구한다. 이 순간, 당신의 두 눈을 감고 고요히 있으라. 항상 더 귀를 열고 들어라. 가능하면 기꺼이 어둠을 향해 움직여라. 당신은 곧 자신의 악마들이 단지 가면을 쓴 신의 메신저라는 것을 알게 될 것이다. 진심으로 고난과 친구가 될 때, 당신은 자신의 족쇄가 점점 풀어지는 것을 느끼게 될 것이다. 더 이상 죽음을 두려워하지 않을 때, 드디어 당신은 이곳에 와서 하려고 했던 것을 자유롭게 하게 될 것이다. 당신 가슴의 황금색 잉크로 이 행성에 영원한 흔적을 남겨라. 살아 있다는 것은 여기에 있는 것이다. 지금, 완전하게. 그것이 전부이다.

명상할 질문

- 당신이 마주하기를 거부하는 내면의 악마가 있는가?
- 당신은 끊임없이 움직이고 있는가?
- 당신은 자신의 내면의 느낌에서 도망치기 위해 위험한 행동에 몰두하는가?
- 가만히 있는 것을 두려워하는가? 당신이 무서워하는 것은 무엇인가?
- 당신은 계속 자신의 삶의 목적을 찾고 있는가? 당신은 그것이 무엇인지 알지만 결코 완전히 따라가지 못하는가?
- 자신의 목적과 깊이 일치한다고 느낀 마지막 시간은 언제였는가? 혹은 존재 전체와 연결되었던 때는?
- 자신의 추도문을 써보라. 자신의 불멸성을 기리는 창조적인 방법을 찾아보라. 당신이 쓴 것을 사랑하는 누군가와 나누어라.

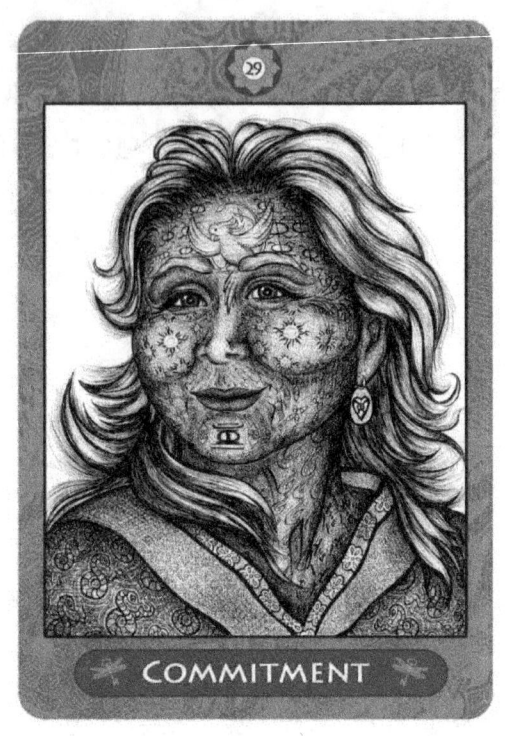

[29] 몰입, 헌신(Commitment)

분명한 결정은 조용하고 강력한 온기가 자신의 온 존재를 관통하는 느낌이다.

재능: 몰입, 전념(Commitment)

그림자: 성의없음, 건성(Half-heartedness)

깨어남: 헌신(Devotion)

프로그래밍 파트너: 30

~ 리차드 러드

나의 위즈덤 스토리

부모님은 항상 나를 '자유로운 새'라고 부르셨다. 그것은 미덥지 못한 얇은 조각 같은 나를 두고 부모님이 부르는 애칭이었다. 나는 언제나, 로맨스에서 로맨스로, 장소에서 장소로, 직장에서 직장으로 바쁘게 돌아다녔다. 항상 끝내지도 못할 일들을 시작하고 있었다. 그래서 마침내 나에게 잘 맞는 멋진 조직을 가진 사회 사업을 찾아냈을 때, 나를 포함해서 모두가 흥분했다.

나는 거기서 여러 해 동안 일했다. 나는 그 조직 속에서 성장했고, 그 사람들을 사랑했고, 나의 삶이 의미있다고 느꼈다. 그러나 7년이 지나자 너무 과도하게 몰두한 탓에 나는 탈진해 버렸다. 내 마음은 좀 더 창조적인 일을 하는, 어딘가 다른 곳에 있고 싶었다. 삶에서 친밀함을 위한 여유를 좀 더 갖고 싶었다. 동료들과 직원들은 내가 얼마나 열의없이 건성으로 대충 일하는지 알지 못했다. 나는 그들에게 거짓말을 하고 있었고, 나자신에게도 거짓말을 하고 있었다.

나는 떠나는 것도 두려웠다. 그들은 나를 필요로 했고, 그리고 물론 나도 그만두는 위험을, 실패할지도 모르는 위험을, 혹은 미덥지 못해 보이는 위험을 감수하고 싶지는 않았다. 그래서 나는 기다리고 기다렸다. 누군가가 용감하게 회사를 그만두고 꿈을 쫓아갈 때마다 부러웠다. 마치 옆에서 사람들의 행복의 배를 띄워주면서, 정작 나의 배는 멀리멀리 표류하고 있는 것을 지켜보는 것 같았다. 설상가상, 나는 더욱 더 덫에 걸린 것처럼 느껴졌다. 내가 없다면 누가 저 신입들을 훈련시키겠는가?

마침내 내 책상 위의 거대한 서류더미에 16 온스의 커피를 몽땅 엎질렀을 때, 정신이 번쩍 들었다. 타이밍이 결코 적절하다고는 생각되지 않았다. 나의 다음 번 발걸음이 성공적이리라는 보장도 할 수 없었다. 그리고 나에 대한 사람들의 생각도 신경쓰지 않았다. 문득 따뜻함이 온몸에 퍼져 나갔고, 나는 무엇을 해야 할지 알았다. 다음날 나는 통보했다. 그 조직에서 일했던 시간을 나는 항상 소중히 여길 것이지만 돌아보지는 않는다. 단 한번도. 나는 후회하지 않았다.

당신에게 주는 선물

나는 당신이 삶에게 '예' 라고 말하는 것을 허락하기 위해, 삶을 완전히 신뢰하는 것을 허락하기 위해, 여기 있다. 아무것도 억제하지 말아야 할 시간이다. 사람들의 생각이나 사람들이 당신에게 기대하는 것에 대해 걱정하지 말라. 자신의 힘을 선생이나 구루나 어떤 조직에게 넘겨주는 것을 조심하라. 자신의 길을 걷기 시작할 때 용감하고 무모하게 날아가라. 그리고 명심하라. 대충 건성으로 하는 것만큼 당신에게 건강하지 못한 것도 없다는 것을. 그러므로 실패하고 있든, 성공하고 있든, 전심전력을 다하라. 자신의 결정으로 일어서라. 그 순간의 자신의 인도를 신뢰하라. 당신의 경험과 관계들이 저마다 자연스러운 결말에 이르기까지 그 흐름을 존중하라. 이렇게 하면 미래에 대해서 걱정할 필요가 없을 것이다. 당신의 꿈의 씨앗들은 헌신적으로 몰입하는 당신의 가슴에서 살고 있기 때문이다. 이것은 단지 그 여정일 뿐이다.

명상할 질문

- 당신의 삶에서 지나치게 몰두하고 있는 곳은 어디인가?
- 어디에서 당신은 노예처럼 느끼는가? 혹은 자신이 이용당하고 있거나 학대받고 있다고 느끼는가?
- 당신의 삶에서 (직업, 인간관계, 존재방식에서) 끝낼 필요가 있는 것은 무엇인가?
- 만약 당신이 진실이라고 알고 있는 것을 존중하고 따라간다면, 일어날 거라고 두려워하는 것은

무엇인가?
- 당신에게 '전념, 몰입'이 부족한 곳은 어디인가? 어디에서 당신은 대충 건성으로 살고 있는가? 예'라고 말하고 있으면서 따라가지 않고 있는가? 당신이 완전히 그런 것도 아니면서 일부러 경박한 척하는 것 이면에 좌절이나 공포, 분노가 있는가?
- 어떻게 당신은 자신의 영혼의 필요에 좀 더 깊이 몰입할 수 있을까?
- 자신의 삶에서 '헌신'을 경험했던 때를 생각해보라.
- 현재 자신의 삶에서 몰입하고 있는 자신의 수준에 만족하는 곳은 어디인가? 일기장에다 이 체험들을 기리는 말들을 써보라.

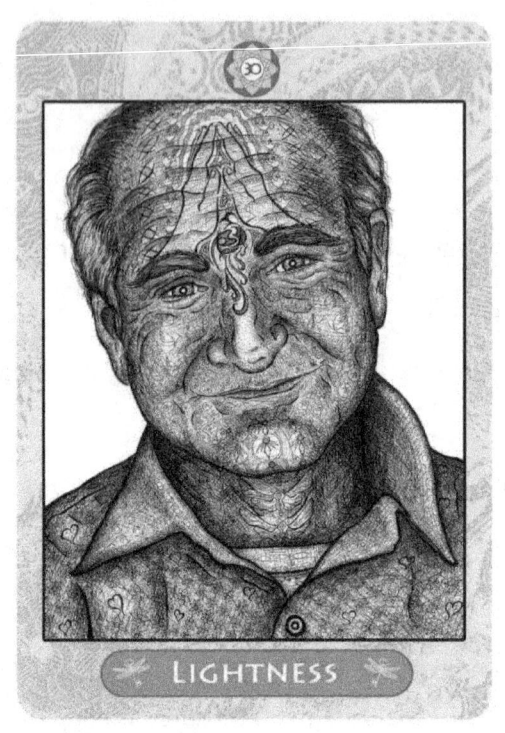

[30] 가벼움(Lightness)

인간이라면 모두 알게 되듯이, 욕망의 순환은 영원하다.

재능: 가벼움(Lightness)

그림자: 욕망(Desire)

깨어남: 황홀, 즐거움(Rapture)

프로그래밍 파트너: 29

~ 리차드 러드

나의 위즈덤 스토리

나는 엄마의 자궁에서 로켓처럼 튀어나와 아기고래처럼 젖을 먹었다고 한다. 나는 말을 하게 되자 마자 사람들을 웃게 만들었다. 그리고 걸음마를 떼자 마자 아기가 갈 거라고는 미처 생각지도 못했던 온 사방으로 내달렸다. 나는 삶의 모든 부분을 남김없이 다 체험하는 미션을 계속 수행했다. 그리하여 나는 10대 동안 그것을 모조리 다 경험하고 젊은 나이에 배우가 되었다. 나는 박수갈채 소리를 경험하고 싶었다. 나는 내 마음이 꿈꾸는 것은 무엇이든지 해 볼 수 있고 누구든지 될 수 있는 것이 좋았다. 곧 나는 부유하고 유명한 사람이 되는 경험을 하고 싶었다. 그래서 오랫동안 그렇게 되기 위해 노력했다. 나는 주위에 돈을 껌종이처럼 뿌리며, 감자칩을 씹듯이 나의 팬들을 들볶았다.

그러나 그 경박한 시간들은 나를 더 공허하고 외롭게만 만들었다. 나의 예민한 영혼은 뭔가 다른 것, 더 깊은 것을 갈망했다. 나는 나의 재능의 마지막 한조각까지 다 써서 훨씬 더 큰 충격을 주고 싶었다. 곧 나는 세계적인 인기스타가 되었다. 그러나 나의 성취가 얼마나 크든, 혹은 얼마나 힘들든 상관없이, 나는 여전히 더 이상을 원했다.

한동안 나는, 만일 내가 나의 본능을 완전히 신뢰하는 것을 배울 수만 있다면 행복할 거라고 생각했다. 그것을 통달하자, 내가 원하는 것은 오로지 나의 연기로 모든 인류의 영혼을 고양시키는 것 뿐이었다. 그러나 나는 더 이상을 원하는 그 끔찍한 느낌으로부터 벗어날 수가 없었다. 마침내 내 속의 불이 모두 다 타버렸다. 나는 지나치게 심각해지고 우울해졌다. 나의 유일한 욕망은 욕망을 끝내는 것이었다.

그러다가 불교를 발견하고 모든 것과 하나가 되기 위해 몇시간 동안 명상을 하고, 마침내 나의 끝없는 고통을 넘어서게 되었다. 그러나 곧 그것도 하나의 욕망이었음을 깨달았다. 내가 무엇을 하든 욕망은 떨어져 나가지 않을 것이다.

내가 나의 욕망과 직면하는 순간, 패배를 인정하고, 욕망은 떨어져 나가지 않을 거라는 것을 받아들이는 순간, 모든 것이 변하기 시작했다. 나는 밝아지기 시작했다. 단지 생각으로만 그런 것이 아니었다. 나는 진실로 나의 삶을 통제하려는 노력을 멈추었다. 나는 내 자신의 욕망에 대한 나의 전적인 무력감을 포함해서 뒤따르는 불가피한 실망들과 가장 고통스러운 부분들까지 그 모든 것에 완전히 굴복했다. 나는 마침내 자유로워졌다.

당신에게 주는 선물

나는 좋은 소식과 나쁜 소식을 가지고 왔다. 나쁜 소식은 당신은 당신의 운명을 통제할 수 없고 절대로 자신의 욕망을 없앨 수 없다는 것이다. 좋은 소식은 이 나쁜 소식을 받아들이면 당신은 삶을 신뢰할 수 있도록 자유로워진다는 것이다. 자신의 욕망들을 맘껏 느낄 시간이다. 그리고 그것들을 느끼는 것이 판단없이 무조건 그 욕망들에 따라 행동하거나, 혹은 그 욕망들을 억압하라는 뜻이 아니라는 것을 깨달을 시간이다. 당신의 삶을 통제하는 것을 허락하지 않고서도 반갑게 욕망을 당신의 집으로 맞이할 수 있다. 인간이 되는 것은 하나의 여행이고, 삶은 하나의 게임이다. 희극과 비극은 동시에 일어난다. 그것을 즐기는 것이 낫다. 유머감각을 가져라.

가볍게 사는 척하지 말라. 존재의 진정한 가벼움을 받아들이고 발산하라. 그런 태도를 가지면 아무리 고통스러울지라도 자신의 감정들을 두려워하지 않을 것이다. 무슨 일이 일어나고 있든, 당신에게 가벼움이 아주 밝게 타오르고 당신의 두 눈에서 그 빛이 뿜어져 나올 것이다.

명상할 질문

- 당신은 어디에서 삶을 너무 심각하게 여기는가?

- 당신은 자신의 진정한 열정들을 탐험하지 못하도록 하는 어떤 원칙들을 엄격하게 지키고 있는가?

- 당신이 거부하고 있는 욕망들 중의 어떤 것들은 당신이 믿고 있는 것만큼 나쁘거나 위험하거나 건강하지 않은 것이 아닐 가능성이 있는가?

- 당신의 욕망이 당신을 통제하고 있는가? 기분 좋은 것에 과도하게 탐닉하면서 그 결과에 대한 책임을 지지않고 있는가?

- 당신에게 진정한 존재의 가벼움을 구현하고 있는 누군가를 생각해보라.

- 진정한 환희를 경험해 본 적이 있는가? 좋았는가, 무서웠는가, 깨달음을 주었는가?

[31] 리더십(Leadership)

진정으로 물질적 차원에서 성공의 본질을 보고 싶다면, 가슴이 오늘날 성공의 최첨단을 보여준다.

재능: 리더십(Leadership)

그림자: 오만(Arrogance)

깨어남: 겸손(Humility)

프로그래밍 파트너: 41

~ 리차드 러드

나의 위즈덤 스토리

나의 아버지와 아버지의 아버지는 우리 부족의 평화로운 전통을 수호하며, 가까이 살면서, 말이 아니라 당신들의 존재를 통해서 부족을 이끌어 왔다. 그런데 어렸을 때 나는 주정부에 납치되어 강제로 교회에서 운영하는 기숙학교에 들어갔다. 그들은 나에게 우리 부족은 이단자이고, 우리 부족의 생활방식은 사악하다고 가르쳤다.

시간이 흐르고 나의 정신이 망가짐에 따라 나는 나의 힘을 선생들에게 넘겨주고, 결국은 우리 부족의 방식들을 잊어버렸다. 나는 백인들처럼 생각하고 말하고 행동했다. 몇 년 후 다시 마을로 돌아간 나는 부족 사람들을 깔보고 업신여겼다. 나는 교만하게, 부족사람들이 살아남고 더 이상 고통을 당하지 않으려면 옛날 방식들을 버리고 백인세상처럼 되어야 한다고 믿었다.

나는, 꾸며낸 겸손과 부족고유의 어법으로 부족사람들에게 일장연설을 하였다. 나는, 만약 그들이 나를 따르기만 한다면, 미래와 번영을 약속하겠다는 이야기를 끝없이 쏟아냈다. 연설을 하면서 나는 자부심을 느끼며 내가 특별하다고 생각했다. 아버지와 할아버지는 그저 아무 말없이 앉아 계셨다. 부족사람들이 보호구역에서 나와 나를 따라 미래로 갈 시간이 되었을 때, 아무도 움직이지 않았다. 대신 그들은 나의 아버지와 할아버지를 – 자신들의 안건을 누구에게 강요하거나 논쟁하는 것에는 전혀 흥미가 없는 두 사람을 – 보며 지도를 구했다.

할아버지가 부족을 대표해서, 단순하지만 강력한 말로 연설을 할 때, 고통과 굴욕감이 내게 밀어닥쳤다. 나는 우리 부족의 현실이나 내자신의 고통에 전혀 도움이 되지 못했다. 도대체 왜 그들이 나를 따르고 싶어하겠는가?

그후 나는 우리 부족의 이야기에 귀를 기울이고 기록하면서 몇 년을 보냈다. - 장로들의 이야기, 나처럼 가족들과 찢어져 기숙학교에 들어간 사람들의 이야기, 여자들, 아이들의 이야기. 리더가 되고 싶은 것을 포기하고 오랜 시간이 흐르고 나서야 비로소 나는 이 이야기를 함께 공유하며 백인들의 마음을 움직이고 우리 부족들이 자신들의 해방운동에 참여하도록 고무시키고 있는 나 자신을 발견했다.

당신에게 주는 선물

나는, 당신을 당신자신의 조건화로부터 풀어주기 위해, 그리고 다른 사람들의 생각에 당신이 여전히 얼마나 많은 신경을 쓰는지 알도록 해주기 위해 왔다. 자기자신에게 정직하라. 어디에서 - 그리고 누구와 함께 있을 때 - 당신은 오만해지는가? 칭찬받기 위해서, 존경받기 위해서. 혹은 더 많은 힘을 얻기 위해서, 어떻게 당신은 계속 진실을 조작하고 있는가? 아주 미묘할지라도, 이러한 경향들이 줄어드는 것을 통해 당신에게 진정한 리더십의 능력이 생겨난다. 자신의 지적인 능력의 한계를 인정할 때이다. 진정한 리더십은 우월한 마음이나 자신이 리더라는 인정을 요구하지 않는다. 그것은 당신이 말하려고 하는 것을 항상 당신이 알고 있어야 하는 것도 요구하지 않는다. 또한 자신의 목소리를 찾아서 그 목소리를 내는 것에 대한 것은 더더구나 아니다. 그것은 사람들의 말에 깊이 귀를 기울이고 그들을 대변하기 위해 당신의 목소리를 사용하는 것에 대한 것이다. 당신이 무엇을 하든, 말을 하고 있거나, 글을 쓰고 있거나, 창작을 하고 있든 간에, 겸손하게 가슴으로 그것을 하라.

명상할 질문

- 교만해보이는 것을 피하기 위해 당신은 스스로를 계속 낮추는가?

- 자신의 힘을 타인에게 계속 양보하는가?

- 당신은 여전히 오만한 자신을 발견하는가? 어떤 상황에서인가? 그 오만 아래에는 어떤 느낌이 있는가?

- 삶의 어떤 부분에서 당신은 리더인가? 사람들의 말에 깊이 귀를 기울이고 그들을 위해 목소리를 냄으로써 사람들을 대표할 수 있는가?

- 겸손과 봉사의 정신 속에서 사람들을 이끌어가는가?

- 당신의 삶에서, 혹은 세상에서 지도자 한사람을 생각해보라. 당신은 누구에게 커다란 존경심을 갖고 있는가? 이 리더에게서 당신이 가장 높게 평가하는 것은 어떤 자질인가? 이 사람과 좀 더 같아지기 위해 오늘 당신이 할 수 있는 한가지는 무엇인가?

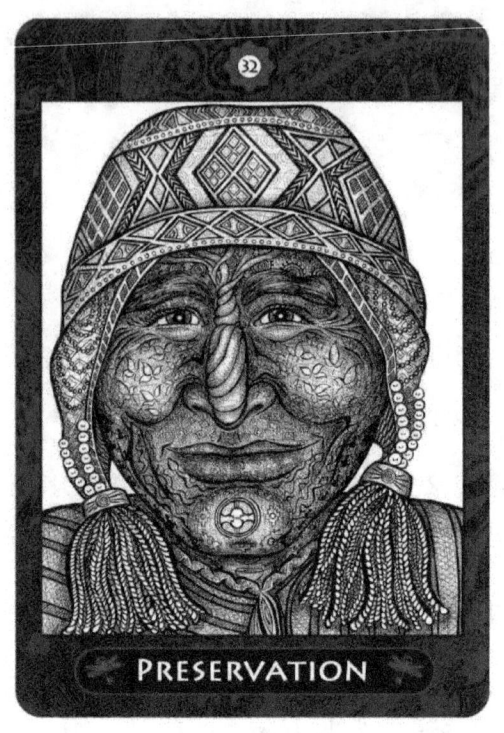

[32] 보존(Preservation)

우리 고유의 부족문화와 선조들의 위대한 지혜에 귀를 기울일 때, 다시 한번 우리는 우리 내면의 올바른 영혼을 발견할 것이다.

재능: 보존(Preservation)

그림자: 실패(Failure)

깨어남: 존경, 숭배(Veneration)

프로그래밍 파트너: 42

~ 리차드 러드

나의 위즈덤 스토리

　동생과 함께 나는 신성한 주술전통 속에서 훈련을 받았다. 우리는 열대우림 속에 있는 소박한 각자의 야영지에서 나란히 살았다. 우리는 항상 우리가 가진 것을 모두 공유하며 같은 지역 공동체에 봉사했다. 그러다가 한 외국인이 동생이 거행하는 어떤 의식에 참가했고, 그는 그 체험으로 변형을 경험하고 동생의 치유력에 대해 널리 세상에 알렸다. 곧 세계 곳곳에서 사람들이 비행기를 타고 날아와 동생과 작업하기 시작했다.

　처음에는 동생 때문에 행복했다. 그러나 시간이 흐르자 나는 동생의 작은 야영지가 휴양센터로 변하는 것을 보았고, 동생이 먼 나라로 여행을 가서 우리의 방식에 대해서 아무것도 모르는 낯선 사람들과 우리의 주술과 전통을 나누는 것을 보았다. 동생은 내가 알지 못하는 치료행위와 물건들을 가지고 돌아왔다. 동생이 잡초를 뽑고 가지를 치고 약을 달이는 방식조차도 새로워 보였다. 동생의 식물들이 무럭무럭 자라는 것을 보고 나는 심기가 불편했다.

　가슴이 답답하고 화가 났다. 나는 내가 이런 것은 동생이 우리 조상들을 배신하고 있기 때문이며, 전통을 보존하는 것이 내 일이라고 믿었다. 나는 진정한 근본주의자처럼 행동하며 학생들이 동생의 센터를 방문하는 것을 금지했고 변질된 동생의 방식들에 대해 경고했다. 동생이 선물을 갖고 찾아오면 거부했다. 마침내 동생은 포기하고 말았다.

153

나의 공동체는 나의 가슴처럼 위축되었다. 서서히 나의 주술이 그 효능을 잃기 시작했고, 나의 기도들이 듣지 않았고, 동물들이 나와 대화를 멈추었다. 나는 연결이 끊어진 느낌이었다. 동생과 멀어진 만큼 나는 위대한 창조자로부터 단절되었다.

나의 영혼의 아픔을 감지하고 동생이 마지막으로 한번 더 찾아왔다. 나는 동생의 눈에서 고통을 보고 충격을 받았다. 동생의 영혼도 아플거라는 생각을 나는 한 번도 해보지 않았었다. 동생은 나의 사랑과 가이드를, 나를, 그리워하고 있었고, 자신이 하는 모든 것을 내가 거부하고 부정하는 것을 두려워했다. 그때 나는 실패에 대한 나 자신의 두려움이 동생의 인간성을 알지 못하게 했음을 깨달았다. 나는 동생의 손을 잡았고, 그 이후로 우리는 서로의 선생이자, 학생, 그리고 가장 좋은 친구가 되었다. 우리의 공동체와 주술은 번창하고 있다.

당신에게 주는 선물

받기를 거절할 때 당신은 이기적으로 구는 것이다. 이것은 말이 안될 수도 있지만, 사실이다. 당신이 진정으로 성공을 경험하고 싶다면 성공과 '실패'라는 개념을 통째로 버려야 한다. 당신이 극복해야 하는 것은 외적인 인정이나 돈에 대한 욕망이 아니다. '실패'에 대한 두려움이다. 나는 당신이 자신의 본능을 믿고 자신의 안전지대를 넘어 뻗어가도록 당신을 격려하기 위해 여기 있다. '보존'의 재능은 단지 자기자신만이 아니라 삶 자체를 보존하는 것에 대한 것이다. 그것은 당신이 선조들의 지혜로부터 배우고 기반을 잡는 것을 필요로 한다. 그것은 또한 새로운 것에 투자하고 배우기를 두려워하지 말 것을, 혹은 당신을 고무시키는 사람들로부터 받는 것을 두려워하지 말기를 요구한다. 자신의 삶을 살펴보며 무엇이, 그리고 누가 당신의 에너지와 전체의 이익에 합당한 가치를 지녔는지 결정할 시간이다. 계속 생생하게 간직하고 싶은 것이 무엇인지 보아라. 그리고 당신의 마음을 다하여 그것을 지켜라.

명상할 질문

- 당신은 삶의 어느 곳에서 성공하고 있는가? 무엇이 (누가) 당신의 투자, 에너지, 관리를 훨씬 잘 사용할 수 있는가?

- 당신은 어디에서 실패한 거 같은 느낌이 드는가?

- 당신이 스스로를 고립시키고 있는 방식들이 있는가?

- 자신과 다르다고 생각하는 사람들을 불신하는 경향이 있는가?

- 당신의 직감을 사용하여 누가 자신의 진짜 조력자들인지를 알아차려라.

- 당신의 삶에서 변화를 거부하고 있는 부분을 찾아보라. 당신이 가장 감사하고 있는 일에 대해서 써 보아라. 그리고 나서 그 오래된 일상에 새로운 생기와 정신을 불어넣을 수 있는 방법을 찾아 보라.

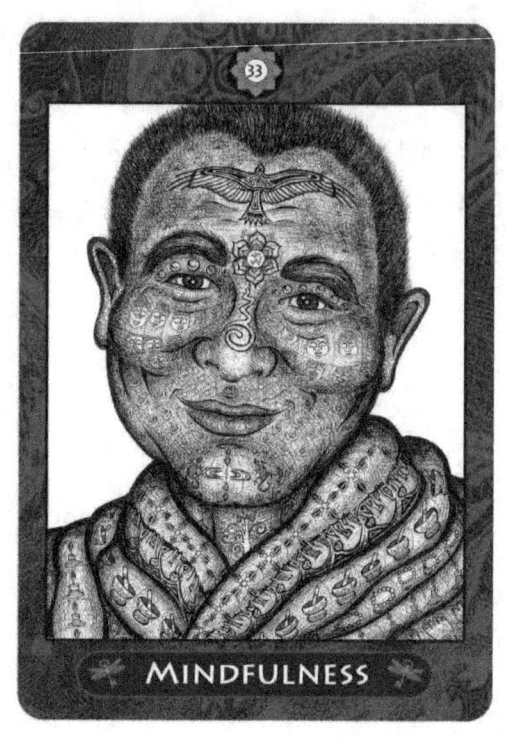

[33] 주의 깊음(Mindfulness)

자기내면의 신성에 가슴을 열고 자신의 주파수를 높이는 수단으로 사용할 수 없는 상황은 지구상에 없다.

재능: 주의 깊음(Mindfulness)

그림자: 망각(Forgetting)

깨어남: 계시, 드러냄(Revelation)

프로그래밍 파트너: 19

~ 리차드 러드

나의 위즈덤 스토리

나의 어머니는 드센 분이셨다. 끊임없이 아버지를 감독하셨는데, 어머니말로는 아버지가 어떻게 처신할지 무엇을 할지 말해줘서 아버지를 도와준다는 것이었다. 그럴 때마다 대개, 아버지는 그저 묵묵히 그것을 받아들이셨다. 그러나 가끔 아버지는 폭발하셨고, 나는 겁에 질렸다. 나는 오로지 그 긴장감에서 벗어나 평화를 찾고 싶었다. 어느 날 어떤 스님 한 분이 우리 마을에 오셨다. 나는 겨우 네 살이었는데, 그 스님의 발을 붙잡고 못 가게 했다. 그 스님은 내가 항상 알고 있던 사람같았다. 스님은 부모님께 나를 수도원으로 데려가도 되겠냐고 물었고, 부모님은 허락하셨다 - 부모님의 마음이 찢어질 듯 아픈 것이 어린 내 눈에도 보였지만.

그 다음 여러 해를 침묵 속에서, 사람들과 멀리 떨어져 살았다. 명상을 하고, 수도원의 일들을 돌보고, 내가 떠나온 곳을 잊으려고 애쓰면서 하루하루가 흘러갔다. 내가 원하는 것은 오직 해탈을 해서 환영의 세계를 떠나는 것이었다. 나는 마음을 털어놓지 않는 사람이었다. 수도원에서 지낸 대부분의 시간동안 나는 신중하고, 차분하고, 평화롭게 느껴지는 사람이었다.

청소년이 된 후 처음으로 일주일 동안 부모님이 수도원에 오셨다. 나는 온몸이 움츠러들고 가슴이 콩닥콩닥 뛰었고, 오랫동안 잊고 있었던 강렬한 감정이 물밀 듯이 밀려오는 것을 느꼈다. 스승님이 재빨리 개입하셨다. 스승님은 나에게 엄격한 목소리로 부모님에게 연민을 가지고, 나의 에고를 다스리라고 말씀하셨다. 그전에는 한번도 그런 적이 없었는데, 나는 화를 내며 스승님에게 큰소리로 나자신을 방어했다. 마치 스승님이 내게 이래라 저래라 말하는 나의 어머니인 것처럼. 그런데 얼굴이 벌겋게 달아올랐을 때, 문득 나는 '기억해냈다'.

내가 느낀 분노는 스승님이나 부모님에 대한 것이 아니었다. 내가 살고 있는 이 이야기, 내 온몸에 가득찬 이 고통은, 시간 그 자체만큼이나 오래된 것이었다. 그리하여 나는 내 심장박동을 느끼며 내 피가 끓는 것을 지켜보았다. 그 다음에 부모님을 쳐다보았다. 이번에는 늙고 지친 몸과 눈동자에 어린 고통과 혼란이 보였다. 그 만남이 나의 삶의 전환점, 터닝포인트였고, 수도원 생활의 종지부를 찍는 시간이었다. 나는, 나였고, 나이고, 언제까지나 나일, 모든 것을 기억하고 되찾을 준비가 되어 있었다. 엉망진창이지만 아름다운 세상으로 다시 돌아갈 시간이었다.

당신에게 주는 선물

나는 당신이 '기억해내는' 것을 도와주기 위해서, 그리고 감정적 삶의 포로가 되어 있는 당신을 풀어주기 위해서 여기 있다. 깨달음은 맹렬히 노력한다고 해서 되는게 아니다. 그러므로 자신에게 많은 것을 허락하라 - 생각하고, 느끼고, 욕망하고, 반응하고, 숨고…아무것도 금지하지 말라. 다만, 내가 부탁하고 싶은 말은 자신이 행하고 있는 것에 대해 '깨어 있으라'는 것 뿐이다. 깨어나기 위한 첫번째 단계는 자신이 잠들어 있다는 것을 깨닫는 것이다. 그러므로 자신의 패턴이나 열정을 바꾸려고 하지 말라. 그냥 그것들을 인식하라. '아, 내가 다시 저기로 가고 있구나.' 당신이 자신의 진정한 본질을 잊고 있다는 것을 알아차려라. 불편함을 점점 편하게 느끼는 법을 배워라. 때가 되면 당신은 자연스럽게 깨닫게 될 것이다. 당신이 생각했던 것보다 훨씬 더 경이로운 어떤 존재가 당신의 눈을 통해 보고 있고, 당신의 마음을 통해 생각하고 있고, 당신의 행동을 통해 살고 있다는 것을. 결국 삶의 모든 것이 당신을 통해 기억될 것이다. 그리고 당신이 경험하는 것은 모두 그 영원한 '현재'의 드러남, 계시가 될 것이다.

명상할 질문

- 당신은 어떻게 친밀함을 피하는가? 자신의 일이나 영적인 수행, 혹은 철학 뒤로 숨지는 않는가?

- 당신은 가끔 청하지도 않은 충고나 비평을 하는 자신을 발견하거나, 혹은 당신이 한 말에 대한 사람들의 반응에 놀라는 자신을 발견하는가?

- 만약 당신이 깨달음을 얻지 못하고 있는 것에 대해 걱정하지 않았다면, 당신이 보다 쉽게 알아보고 가지고 있었을 느낌이나 욕망, 혹은 필요는 무엇인가?

- 오늘 '주의깊음'을 연습하라. 자신의 생각들, 충동들, 그리고 행동들을 바꾸거나 재조정하거나, 검열하려고 하지말고 그저 지켜보라. 당신이 중도적인 입장에서 연민의 눈으로 바라보기가 가장 어려운 것이 어느 것인지 주목해 보라.

[34] 힘(Strength)

우리는 자연의 힘과 조화를 이루어 행동하는 능력 - 힘의 진정한 정의 - 에 대해 말하고 있다.

재능: 힘(Strength)

그림자: 무력, 강제적인 힘(Force)

깨달음: 위엄(Majesty)

프로그래밍 파트너: 20

~ 리차드 러드

34

나의 위즈덤 스토리

나는 어린시절 내내 왕따를 당하던 작고 땅딸막한 소년이었다. 부모님은 나를 겸손한 사람이 되도록 길렀기 때문에 나는 스스로 학대받는 것을 허락했다. 털어놓고 말하는 대신에 나는 음식으로 내 감정을 안으로 밀어 넣었다. 위로 옆으로 나의 몸집이 커지자 놀림이 더 심해졌다. 한번은 불량스러운 아이 하나가 막대기로 나를 놀렸다. 모두가 놀랍게도, 특히 나 자신이 제일 놀랐지만, 나도 몰랐던 무지막지한 힘으로 내 몸이 그 아이에게 돌진했다. 그 다음에 내가 안 것은 그 아이가 땅바닥에서 울고 있다는 것이었다.

나의 육체적 힘에 대한 소문이 학교에 퍼졌다. 선생님들 중 한 명이 스모훈련을 해보라는 제안을 했고, 나는 그 조언을 받아들였다. 스모반에서 나의 잠재력은 금방 인정받았다. 나는 곧 훈련도장으로 옮겨갔고, 엄격한 전통에 의해 내 생활의 모든 면이 고도로 관리되고 좌우되었다. 표면에 나서지 않는 나의 능력은 칭찬을 받았고, 나는 도장의 모든 룰들을 따랐다. 그러나 링에서는 그 룰들을 모두 깨트리는 나자신을 발견했다. 나는 상대의 눈 속에서 과거에 나를 괴롭히던 못된애들을 보았다. 굴욕감을 안겨주고 싶은 욕망과 분노가 나를 사로잡았고 나의 타이밍은 좋지 못했다. 가끔 질 때도 있었지만, 대부분 나는 그 게임에서 쫓겨났다.

어느 날 관장님이 나의 황소 고집에 대해 야단을 쳤다. '저도 최선을 다하고 있습니다.' 내가 소리쳤다. 관장님은 나의 분노 속에 들어 있는 깊은 슬픔을 꿰뚫어 보셨다. 그리고나서 내가 절대로 잊지 못할 말을 하셨다. "강압적인 힘은 마음에서 나오지만, 진정한 힘은 뱃속에 들어 있다." 스모는 그 핵심이 조화의 행위이고 감사를 표현하고 가슴을 정화하는 신성한 기회이지 적을 무찌르기 위한 것이 아니다. 링은 나에게 필요한 경계와 자유를 제공하기 위해 있는 것이라고 말씀하셨다. 그리고 관장님은 나에게, 애쓰고, 강압적으로 밀어붙이고, 저항하고, 생각하는 것을 멈추라고 가르쳐 주셨다.

그 후 몇 년 동안 나는 나의 '자아'를 완전히 굴복시키는 법을 배웠고, 이제 나는 원초적인 힘과 순수한 자각의 댄서로 널리 알려져 있다. 나는 더없이 만족스럽다.

당신에게 주는 선물

나는, 당신의 힘을 인정하기 위해, 그리고 당신 마음 속의 전쟁으로부터 자신을 해방시킴으로써 당신의 가슴을 정화하라고 요청하기 위해 왔다. 당신 주위의 사람들을 자신의 적이라고 오해하지 않도록 조심하라. 당신의 진정한 적은, 당신 자신의 잘못 인식된 생각들, 당신의 반응적인 감정들, 그리고 당신을 현재 순간에서 멀어지게 하려고 싸우는 당신 속의 모든 것들이다. 단지 당신의 마음이 당신에게 그렇게 말한다는 이유로 어떤 특정한 방식으로 일이 진행되도록 강요하는 것을 그만둘 시간이다. 외부의 영향에 열려 있으라. 당신 주위의 자연스러운 세상으로 계속 돌아오라. 삶의 흐름에 귀를 기울여라. 그러면 그 흐름을 이용할 수 있을 것이다. 당신의 뱃속 깊은 곳에는 마르지 않는 내적인 힘의 저수지가 있다. 그것은 당신이 생각하는 것보다 더 거대하다.

명상할 질문

- 당신은 자신의 힘을 두려워하는가?
- 어떤 상황에서 당신은 그 힘을 억누르는가?
- 당신은 자신이 원하는 것을 얻기 위해서는 무력이 필요하다고 배웠는가? 이 믿음이 어떻게 당신의 삶에 계속 영향을 주고 있는가?
- 당신이 가지고 있는 충격의 강렬함에 당신 자신이 (혹은 다른 사람들이) 놀라는 적이 있는가?
- 육체적 활동이나 춤, 움직임에 아주 깊이 몰입하여 시간을 완전히 잊어버린 적이 있는가?
- 내적인 힘을 경험했던 시간을 떠올려 보라. 어디에 있었는가? 무슨 일이 일어났는가? 어떤 느낌이었는가?
- 당신에게 진정한 '위엄'을 보여주는 사진 하나를 찾으라. 그것을 어딘가 당신이 쉽게 자주 볼 수 있는 곳에 놓아 두어라. 떠오르는 생각들을 적어보아라.

[35] 모험(Adventure)

열린 가슴으로 사는 것은 끊임없는 모험의 상태에서 사는 것이다.

재능: 모험(Adventure)

그림자: 배고픔, 갈망(Hunger)

깨어남: 무한(Boundlessness)

프로그래밍 파트너: 5

~ 리차드 러드

나의 위즈덤 스토리

나는 완전히 지루한 가정에서 태어났다. 부모님은 아무런 꿈도 없이 고된 일과 자기만족으로 하루하루 사는 사람들이었다. 모험에 대한 부모님의 두려움은 나에게 이해할 수 없는 불안감을 심어 주었다. 나는 내가 무엇을 원하는지도 모르는 채, 항상 더 이상을 갈망했고, 그것도 지금 당장 원했다. 처음에 나는 나의 접시 위에 놓인 음식을 강탈하듯 먹어치웠다. 그리고 나서는 술, 여자, 돈을 갈망했다.

몇 년 동안 나는 나의 뱃속과 침대와 은행을 채우느라 급급했다. 그리고나선 온세상을 먹어 치울 시간이 되었다. 그래서 나는 먼 해안들로 출항했고, 새로운 부와 로맨스들을 축적했다. 나는 모든 땅과 그곳의 사람들을 정복했다. 나는 광적이었고, 새로운 땅을 탐험할 기회와 진보에 대한 갈망에 사로잡혀서 내가 그들을 착취하고 있다는 것을 알지 못했다. 한번도 충분함을 느낀 적이 없었다. 결국 나는 새로운 가능성의 땅과 무역과 여자들에게 지쳐버렸다. 나는 언제나 근사한 것이 돌아오기를 바랐지만, 실망과 분노 외에는 얻은 것이 없었다.

어느 날 세상 전체에 넌더리가 나서, 나는 손가락에서 엄청나게 비싼 반지를 빼서 거리에 있는 어린 거지에게 던져버렸다. 나의 의도는 반지로 그 거지를 맞추기 위한 거였다. 그러나 그 어린 거지는 그 값비싼 반지를 보고 두 눈이 태양처럼 환해지더니, 고마워 어쩔 줄을 모르며 나를 쳐다보았다. 나는 심장이 움찔했다. 그리고 그 일을 잊어버렸고, 몇 주가 흘렀다. 어느 날 그 소년이 내 뒤를 따라와 나를 그의 초라한 집으로 데려갔다. 그리고 반지가 그의 가족들에게 가져다 준 구원과 안도감을 보여주었다. 나는 그 가족의 사랑의 힘에 저항할 수 없었다.

그 날이 내 가슴이 최후의 탐험지가 된 날이었다. 그때부터 나는 나의 가슴 속을 깊이 탐험해 들어갔고, 들어가면 들어갈수록 점점 더 세상의 웅장함을 알게 되었다. 나는 더 이상 지루함의 공포에 쫓기지 않았다. 나는 내가 작은 일부를 이루고 있는 영광스러운 세상과 미지의 세계에 대한 깊은 사랑으로 채워졌다. 이제 나는 끊임없는 모험의 상태에서 살고 있다. 무엇인가를 줄 수 있는 기회를 가질 때마다 나는 조건없이 준다. 감사에 가득찬 인간의 빛나는 눈동자를 보는 것보다 더 위대한 성취는 없다.

당신에게 주는 선물

나는 내적인 삶을 희생하는 댓가로 외적인 삶의 진보가 일어나는 것이 아니라는 것을 분명히 말해주러 왔다. 당신 자신을 경험이나 사람들, 혹은 물건들로 채운다고 해서 절대로 당신의 문제들이 해결되는 것은 아니다. 또한 스스로를 굶긴다고 해서 자신의 문제들을 풀 수 있는 것도 아니다. 겸허하게 자신의 내면의 허기를 마주할 시간이다. 그 허기에 자신이 얼마나 인질로 잡혀 있는지, 그리고 얼마나 많은 당신의 행동이 (전부는 아닐지라도) 이 만족을 모르는 갈망에서 생겨나고 있는지를 보고 느끼는 것을 자신에게 허락하라. 오직 그때만이 당신은 진정으로 당신이 찾고 있는 자유를 경험하고 느끼기 시작할 것이다. 조건없이 내어줄 시간이다. 조건없이 내어주는 것이 자유와 기쁨과 끝없는 모험의 길이기 때문이다. 지평선에 서서 자신에게 물어보라. "내가 무엇을 더 줄 수 있을까?"

명상할 질문

- 당신은 삶이 지루하거나 모험이 부족한가?
- 당신은 계속 바쁘게 살면서, 혹은 끊임없이 다음번의 고양된 경험을 찾아다니며, 어떤 대가를 치르더라도 지루함을 피하고 있는가?
- 어디에서 당신은 채워지지 않는 허기를 느끼는가?
- 어디에서 당신은 자신을 굶기고 있는가?
- 당신이 진정한 모험을 하고 있다고 느끼거나, 혹은 무한의 느낌을 경험한 마지막 시간은 언제인가?
- 지금 당신을 부르고 있는 외적인, 혹은 내적인 모험이 있는가?
- 당신은 무엇을 당신 가슴의 최첨단이라고 말하겠는가?
- 오늘 당신이 할 수 있는 단순하고 무작위적인 친절한 행동 한가지를 생각해보라. 행동으로 옮겨라. 조건없이 준다는 것이 어떤 느낌인지 일기장에 써 보라.

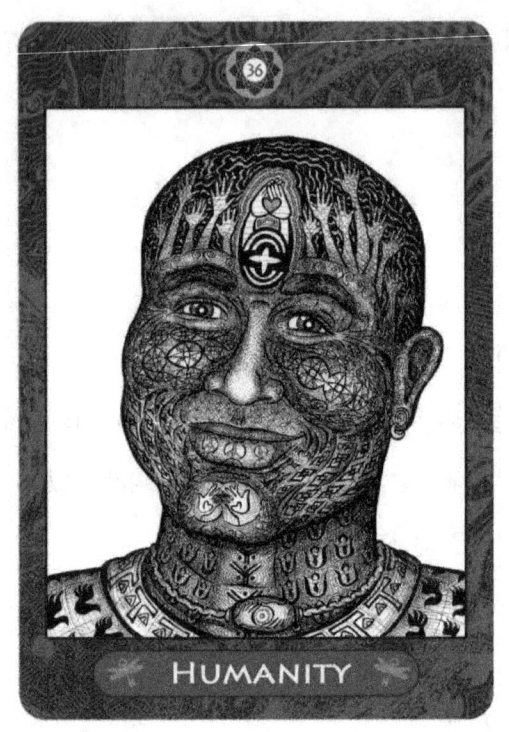

[36] 휴머니티(Humanity)

36 번째 재능의 가장 심오한 역할은, 자신의 고통 때문에 깊은 피해의식 속으로 끌려들어가는 것이 아니라 그 고통이 어떤 모습이든 간에 포용함으로써, 사람들을 존중함으로써, 인간이 인간이 되도록 돕는 것이다.

재능: 휴머니티(Humanity)

그림자: 격동, 혼란(Turbulence)

깨어남: 연민, 자비(Compassion)

프로그래밍 파트너: 6

~ 리차드 러드

나의 위즈덤 스토리

세상 사람들은 나의 아버지가 나쁜 씨앗이 될 거라고 생각했다. 그래서 아버지는 그렇게 되었다. 아버지는 어머니 몰래 바람을 피우고, 성미가 고약하고, 가는 곳마다 혼란을 초래했다. 우리 이웃의 많은 남자들처럼 아버지도 무모하고, 항상 끝까지 몰아붙이고, 곤경에 처하며, 위기에 위기를 불러왔다. 아버지가 우리를 상처주려고 한 건 아니었고, 단지 우리에게서 숨으려고 그토록이나 애썼던 것 같았다. 아마도 그것이 어머니와 할머니가 참다못해 아버지를 내쫓았을 때 용서를 빌었던 이유가 아니었을까.

어머니와 할머니는 나를 키우고 보호하는 데 온 힘을 기울이는 강한 여성들이었다. 갱들 만큼이나 우리도 경찰을 무서워하던 험한 동네였던 것을 감안해 보면 두 분의 일이 쉬운 건 아니었다. 나는 어떤 아이보다도 더 많은 비극을 목격했다. 또한 뉴스를 보면서 나의 아버지 같은 사람들이 어떻게 비쳐지는 지도 보았다. 나는 절대로 아버지처럼 되지 않겠다고, 혹은 아버지가 일으키는 고통은 일으키지 않겠다고 다짐했다.

십 대일 때 나는 화가 나거나 욕망이 느껴지면 할머니와 함께 교회에 가서 나의 죄를 없애 달라고 기도했다. 그러나 시간이 흐르자, 스트레스가 생기고 신경과민이 되었다. 내적으로는 섬세하고 배려심이 있었지만, 나는 사람들과 눈을 마주치는 것을 피했고, 교활한 사람처럼 보였다. 나는 남에게 다가가는 것이 어려웠고 친구도 거의 없었다. 그러나 내가 다니던 교회에 마음 속으로 몰래 좋아한 한 소녀가 있었고, 나는 너무 부끄러워서 그녀에게 다가가지 못했다. 어느날 나는 그녀를 집까지 따라가 덤불 속에 숨어서 몰래 창문을 엿보았다. 그녀는 덤불 속에 사람이 있는 것을 보고 경찰을 불렀다.

　가엾은 어머니와 할머니가 감옥에서 나를 꺼내줄 때 내가 느꼈을 수치심을 한번 상상해 보라. 소녀는 그 사람이 나라는 것을 알자마자 고소를 취소했다. 그러나 나는 계속 사회복지사와 만나야 하는 조건이 붙었다. 사회복지사의 눈에서 뭔가가 그 또한 감옥에 간 적이 있다는 것을 내게 말해 주었다. 그는 뼛속 깊이 고통을 알고 있었다. 그는 내게서 단지 공포나 수치심, 혹은 초조함만을 보지 않았다. 그는 좋은 씨앗을 보았다. 남자가 나의 감정에 대해 이야기해보라고 나를 격려해 주는 것은 이상하고 놀라운 경험이었다. 나는 즉각적으로, 언젠가 나도 그가 하는 것과 똑같은 일을 하리라는 것을 알았다. 나는 내가 만난 모든 사람들 속에서 좋은 씨앗을 본다. 나는 사람들의 눈을 똑바로 쳐다보면서 나의 온 가슴으로 사람들로 하여금 그들이 무엇을 느끼든, 어떻게 보이든, 혹은 어디에서 왔든 아무 상관없이 그들이 정확히 있는 그대로 괜찮다는 것을 알게 해준다.

당신에게 주는 선물

　나는, 당신의 인간성을 축하해 주기 위해, 당신의 타고난 선함을 일깨워 주기 위해, 그리고 날 때부터 잘못되었다는 느낌, 혹은 악하다는 느낌을, 당신은 가지고 있지 않다는 것을 확신시켜주기 위해 왔다. 당신이 삶에서 무슨 일을 하고, 혹은 무엇을 경험했든 간에 당신의 본질은 순수하다. 지금 중요한 것은 당신이 느끼는 것이 아니라 당신의 감정으로 무엇을 하느냐이다. 부디 자신의 감정을 거부하거나 그 감정에 반응하지 말기를 부탁한다. 그저 연민을 갖고 자기 속의 어떤 감정적 동요들을 인정하고 포용하라. 초조함은 단지 당신이 인식하고 포용할 필요가 있는 어떤 감정들을 갖고 있다는 신호일 뿐이다. 자신의 고통으로부터 달아나지 말라. 커다란 기쁨은 고통과 함께 오기 때문이다.

명상할 질문

- 당신이 삶에서 혼란이나 변화를 피하고 있는 곳은 어디인가?
- 당신은 여전히 휴식하기가 어려운가, 사람들에게 마음의 문을 열거나, 혹은 자신의 성을 완전히 환영하기가 어려운가?
- 감정적 위기를 끌어당기는 경향이 있는가?
- 당신이 나쁘다거나 수치스럽다고 여기며, 가장 비판적이 되는 감정은 어떤 것들인가?
- 당신의 삶에서 당신도 인식하지 못하는 당신의 인간성을 알아봐 주는 사람은 누구인가? 이 사람들의 목록을 간직하라. 지금 당장 당신의 삶에서 이런 사람이 아무도 없다면 아마도 어떤 도움을 간구해야 할 시기일 것이다.

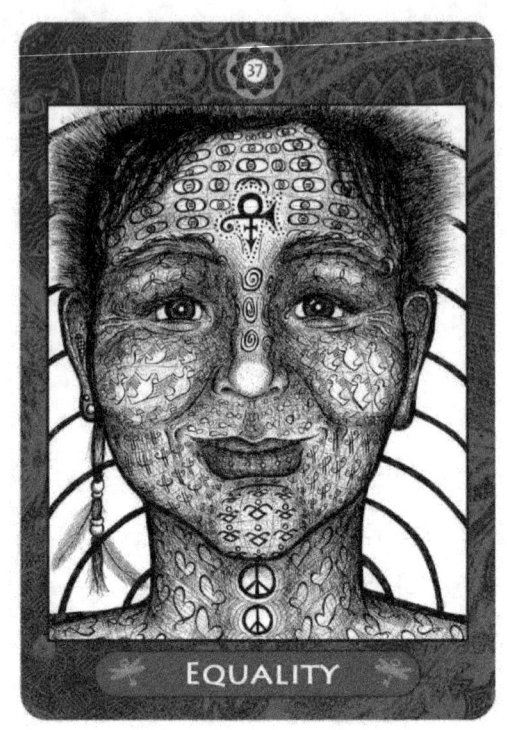

[37] 평등(Equality)

인간적인 가슴의 관점에서, 모든 인류는 한가족이다.

재능: 평등(Equality)

그림자: 약함(Weakness)

깨어남: 부드러움(Tenderness)

프로그래밍 파트너: 40

~ 리차드 러드

나의 위즈덤 스토리

　비록 나는 소녀의 몸으로 태어났지만, 마음 속으로는 내가 늘 소년같다고 느꼈다. 우리 가족은 전통적이었다. 아버지는 일을 하고, 어머니는 아이들을 키우고, 경제적인 면은 아버지에게 모두 의존했다. 아버지는 종종 어머니를 무례하고 잔인하게 대하면서 마치 어머니가 연약하고 지나치게 감상적이고 겉모습만 예쁜 것처럼 취급했다.

　나이가 들면서, 나는 아버지처럼 세상을 지배하는 남자들을 보았다. 그래서 나는 가부장적인 아버지뿐만 아니라 나의 내면의 소년도 거절했다. 어머니와의 절대적인 결속 안에서 나는, 내면적으로 아무리 고통스럽거나 잘못되었다는 느낌이 들지라도, 여성이고자 했다. 이어지는 몇 년 동안 나는 내가 가진 모든 남성적인 근육을 사용하여 여성적인 모든 것을 위해 싸우며 이상화하는데 시간을 보냈다. 나는 여성들이 리더가 되는 세상을 꿈꾸며 일했고, 나의 이상으로 세계적으로 여성들에게 힘을 실어주는 운동가와 연설가가 되었다. 나는 또한 경제적으로 독립하게 되었고, 어디서든지 여성의 편에서 거물급 소년들과 권리와 특권을 거래했다.

　그러나 개인적으로는, 감정적 좌절 속에 있었다. 나는 끊임없이 부당하고 잔인한 이유와 멈추지 않는 감정적인 동요로 내 연애 상대들에게 소외감을 느끼게 했다. 진실은 마음속으로 나는 '수용'이라는 한 가지를 위해 싸우고 있었던 것이다. 그러나 나는 내 자신조차 받아들일 수가 없었다. 나는 너무 연약해서 내가 내면으로 어떻게 느끼는지, 혹은 내 삶을 어떻게 살고 싶은지를 나눌 수 없었고, 소유할 수는 더욱 없었다. 나는 내 연예상대들이 한 남자로서 나를 계속 사랑할 거라는 믿음이 조금도 없었다. 나 같은 별종을 세상에서 받아줄 거라고는 믿지 않았다. 나는 만약 나의 페미니스트 공동체가 내가 진정으로 내면에서 어떻게 느끼는지 알게 된다면, 그들은 나를 더이상 리더로 보지 않고 이방인으로, 어쩌면 적으로 볼 거라고 확신했다.

내 자신으로부터 도망가는 고통이 너무나 컸을 때, 나는 한번도 간 적이 없는 지역에 있는 성전환자를 돕는 모임에 가기로 결정했다. 나는 뒷쪽에 앉아서 그냥 듣기만 했다. 내 자신의 이야기가 다른 사람들의 입에서 입으로 말해지고 또 말해지고 있었다. 그들의 용기 덕분에 나는 고통, 갈망, 외로움 그리고 두려움에 사로잡혀 있는 내 자신을 찾았다. 모임이 끝날 무렵, 어떤 사람이 나에게 왔다. 놀랍게도 그는 내가 아는 사람이었다. 나는 비난받을 거라고 생각했지만, 더없이 부드러운 포옹이 나를 감쌌다. 그 순간, 나는 내가 다시 나에게 돌아갈 길을 찾았다는 것을, 그리고 내가 혼자서 걸어갈 필요가 없다는 것을 알았다.

당신에게 주는 선물

나는 당신의 친구이다. 나는 당신을 깊이 존중한다. 나는 당신의 핵심에서 당신이라는 존재가 변하기를 원하지 않는다. 당신은 완전히 독특하고, 존재할 가치가 있다. 그리고 우리의 이 세상에는 당신을 위한 자리가 있다. 나는 깊은 부드러움으로 당신을 본다. 자부심, 겸손 그리고 심오한 자기수용을 가지고 당신의 자리를 차지할 시간이다. 당신 자신을 바라볼 때, 당신의 약함과 연약함을 자신의 힘으로 보라. 세상을 볼 때, 양극성을 넘어서서, 남성과 여성이라는 이중성을 넘어서서, 가부장제와 가모장제를 넘어서서 보라.

당신의 눈을 통합에 맞추어라. 우리 모두가 연속적으로 구성하고 있는 아름다움 전체에 눈을 맞춰라. 평등함은 당신의 타고난 권리이다. 당신과 나, 그리고 우리는 가족이다.

명상할 질문

- 자신에게서 사랑하기를 거부하고 있는 부분이 있는가? 어떻게 하면 지금 당장 당신이 자신의 자아전체를 가장 잘 받아들이고 지지할 수 있는가?

- 당신은 무엇을 당신의 약함으로 보는가? 당신은 연약함 속에 내재된 힘을 발견할 수 있는가?

- 당신은 모든 사람을 평등하게 포용할 수 있는가? 어떤 상황에서 이것이 어려운 것을 발견하는가?

- 오늘 당신이 자신에게 부드러울 수 있다면, 당신은 무엇을 할 것인가?

- 당신의 부드러움을 진정으로 필요로 하는 누군가와 그 부드러움을 나누어 보라.

[38] 끈기, 불굴의 의지(Perseverance)

시간이 흐르면, 끈기와 사랑과 신뢰를 통해 당신은 결국 승리를 얻고 당신 자신의 신성을 경험할 것이다.

재능: 끈기, 불굴의 의지(Perseverance)

그림자: 투쟁(Struggle)

깨어남: 명예(Honor)

프로그래밍 파트너: 39

~ 리차드 러드

나의 위즈덤 스토리

내가 아이였을 때 나의 형이 죽었다. 어머니는 깊은 우울에 빠졌다. 활동적인 소년이었던 나는 어머니를 슬픔에서 끌어내려고 온 힘을 다해 싸웠다. 그러나 어머니는 고통에서 벗어나지 못했고 결국 목숨을 끊고 말았다. 완전한 패배라는 어머니의 행위는 우리땅에서는 상상도 못할 일이었다. 사람들이 수군대는 소리가 들렸고, 나는 너무 화가 나서 온몸이 부들부들 떨렸다.

주체할 수 없는 긴장감을 어찌해야 할 지 모른 채, 나는 충격을 느낄 때마다, 느끼는 곳마다 싸우기 시작했다. 나는 내 몸을 쓰는 느낌을 좋아했다. 싸움은 (그리고 승리는) 나에게 목적감과 힘을 주었다. 그러나 때로는 나의 공격성을 무력한 동물과 어린 친척 동생들에게 사용했다. 나는 싸움에 중독되었고, 언제 멈춰야 할지를 알지 못했다.

나이가 들자 나는 강력한 전사가 되었고 사람들을 행동하게끔 고무시키는 능력이 있었다. 그러나 나의 사적인 감정들이 자주 나의 판단을 흐리게 했다. 한번은 다른 마을에서 온 누군가가 나의 어머니를 모욕하는 말을 해서 나는 군대를 이끌고 쳐들어갔다. 나의 고집에 많은 사람들이 다치고 죽기까지 했다.

또 한번 공격을 하려는 찰나에 전쟁이 벌어지고 있는 마을에서 절망감에 가득찬 한 소년이 달려와 두 팔로 내 허리에 매달렸다. 그 소년은 죽은 형과 같은 나이였다. 소년은 제발 싸움을 끝내달라고 빌면서 소리쳤다. "우리가 왜 싸우는 거죠? 이해가 안돼요?" 소년의 질문이 꽉 막혀 있던 내 귀와 굳어 있던 나의 가슴을 꿰뚫었을 때 나는 깨어났다.

나는 다시 숨을 쉬기 시작했다. 나는 오랫동안 나의 가슴이 얼마나 굳어 있었는지 알지 못했다. 소년이 옳았다. 그 순간 나는 깨달았다. 만약 어머니가 살아 계셨더라면 어머니는 죄없는 사람들을 죽이면서 자신의 명예를 보호하는 것을 결코 원치 않으셨을 것이다. 우리 마을에는 이미 고통과 싸움이 넘치고도 남았다. 그리고 거기서, 어머니의 아들인 나는 중요하지도 않은 일들을 가지고 사사건건 싸우고 있었다. 나는 아무도 존중하지 않았다. 그 당시 나는 만약 내가 싸울 것이 없으면 어머니처럼 나도 사라질 거라고 마음속으로 믿고 있었다는 것을 깨달았다. 바로 나의 형처럼 말이다. 그 후 모든 것이 변했다. 나는 그 고마운 소년을 나의 휘하에 두었고, 이제 우리는 싸울 가치가 있는 것들 - 모든 사람들과 지구에 이익이 되는 것들 - 을 위하여 싸운다.

당신에게 주는 선물

나는 당신 속에 있는 신성한 전사를 불러내기 위해 여기에 있다. 인내할 시간, 영웅적인 약자가 될 시간이다. 투쟁을 포기하지 말라. 단지, 당신이 올바른 싸움을 하고 있다는 것만을 확인하라. 장애물들은 자연스런 삶의 일부이다. 그것들은 당신의 헌신을 시험하고, 당신의 능력을 연마시키고 당신의 활력을 증가시키고, 당신의 삶의 목적을 드러내기 위해서 여기 있다. 자신의 패배를 받아들일 시간이다. 그것이 당신을 더 강하게, 더 탄력있고 유연하게 만들도록 하라. 당신은 전투를 춤으로 바꿀 수 있는 잠재력을 가지고 있다. 당신은 사랑하는 사람들에게 힘을 불어넣어 그들이 희생자에서 스스로 벗어나도록 해줄 수 있는 잠재력을 지니고 있다. 두려움이 아니라 사랑을 위해 당신이 싸울 때 모두가 승리한다. 지나치게 생각하거나 바보같이 보일까봐 걱정할 필요가 없다. 이제 당신이 자신의 온 마음과 몸과 영혼을 다 쏟아부을 수 있는 이유를 찾아 나서라.

명상할 질문

- 삶에서 당신이 자신과 싸우고 있는 곳은 어디인가? 자기비난이나 강한 내적인 비판이 종종 당신을 고갈시키고 무력하게 만드는가?

- 당신은 싸울만한 이유가 있음에도 불구하고 싸우기를 두려워하는가?

- 당신은 엉뚱한 것과, 그리고 엉뚱한 사람들과 싸우는 경향이 있는가?

- 호전적인 스타일이 때때로 당신의 관계를 파괴하는가?

- 싸울 가치가 있는 명분은 무엇인가?

- 당신이 기쁘게 인내했던 시간을 생각해보라. 그것은 어떤 느낌이었는가? 당신이 요구했던 것은 무엇인가?

- 오늘 누군가를 위해서, 혹은 무엇인가를 위해서 입장을 밝혀보라. 진정으로 중요한 것에 경의를 표하라.

[39] 역동성(Dynamism)

당신이 진정으로 좋아하는 일을 할때, 당신의 창조적인 역동성이 풀려날 것이다. 그리고, 창조적이 되면 될수록 당신은 더 많은 에너지를 사용할 수 있게 될 것이다.

재능: 역동성(Dynamism)

그림자: 도발(Provocation)

깨어남: 해방(Liberation)

프로그래밍 파트너: 38

~ 리차드 러드

나의 위즈덤 스토리

　사람들은 모두 나의 아버지를 '성자'라고 불렀다. 교회에서 아버지는 다이나믹하고 열정적인 설교자였다. 집에서는, 엄격하고, 심술궂고, 도발적이었다. 우리는 다른 아이들처럼 노는 것이 허락되지 않았다. 성경을 공부하고 교회일을 도와야 했다. 버릇없이 굴거나 유치하게 행동하면 아버지는 우리를 엄벌에 처했다. 아버지는 우리에게 신에 대한 두려움을 주입시키려면 무슨 말을 해야 할지를 귀신같이 알았다. 그리고 어떻게 그 말을 해야 할지도.

　나의 형제자매들은 고개를 끄덕이며 '알겠습니다' 하고 수동적이 되어 얼어붙고 마비되어 버렸지만 나는 덫에 걸린 느낌이었고 화가 났다. 나에게도 입이 있었고, 그래서 끊임없이 아버지의 위선을 부르짖었다. 한번은 내가 소리를 질렀다. "당신은 절대 성자가 아니야! 당신 같은 사람이 아버지라는 건 지옥이야!" 내 말에 아버지는 이성을 잃고 벨트로 나를 때렸다. 그러고나서, 사과하는 대신 아버지는 내가 곤경에 처하지 않기를, 저주받지 않기를 바랄 뿐이었다고 말했다. 그러나 나는 그의 변명을 받아들이지 않았다.

　집을 떠날 때 나는 절대로 아버지 같은 사람이 되지 않겠다고 약속했다. 어른이 되었을 때, 나는 날카로운 나의 혀로 아버지의 종교를 비판하고, 내가 살고 사랑하는 방식과 나의 선택들을 방어했다. 몇 년 동안 우리는 서로 한번도 보지 않았지만, 나는 여전히 아버지와 거대한 힘겨루기를 하고 있었다. 그때 연락이 왔다. 아버지가 죽어가고 있었다. 마지막 작별인사를 할 시간이 얼마 남지 않았다. 나는 아버지의 침실로 걸어갔고, 거기 아버지가 있었다.

거기 있는 아버지는 너무나 작고 무력하고 내가 그렇게 싸우기 바빴던 그 남자가 아니었다. 말을 하지 못하는 아버지는 나를 쳐다보며 미소를 지었다.

난생 처음으로 나는 아버지에게서 노는 것이 절대 허락되지 않았던 한 아이를 보았다. 나는, 아버지의 사랑을, 나를 그렇게 다룬 것에 대한 아버지의 슬픔을, 아버지가 겪었던 고통으로부터 나를 안전하게 지켜주려던 아버지의 바램을, 보았다. 나는 그 사람에 대한 사랑으로 가득 찼다. 그 후 기적같은 39 일 동안 나는 한번도 아버지곁을 떠나지 않았다. 아버지에게 이야기책을 읽어주고, 같이 게임도 하고 노래도 불러 주었다. 그리고, 우리는 같이 웃었다. 나도 내가 기억하고 있다는 것을 알지 못했던, 아버지가 좋아하는 찬송가를 내가 아버지에게 불러주면 아버지는 평화롭게 잠 속으로 빠져들었다.

아버지가 돌아가시던 날이 내가 다시 창조력과 열정의 불꽃을 나의 영혼 속으로 맞이하던 날이었다. 지금의 나는 사람들에게 신의 사랑을 -신의 두려움이 아니라- 불어넣는 축복받은 직업인 성직자이다. 나의 교회는 모든 사람을 환영한다. 여기 이 지구에서 천국을 경험하고 있다. 아버지의 영혼이 곧바로 나의 가슴에서 말씀하시고, 우리의 말은 함께 사람들을 자유롭게 한다.

당신에게 주는 선물

나는 당신이 자란 환경이 나쁜 것은 중요하지 않다는 것을 당신에게 말해주러 왔다. 건강하지 못했던 모든 조건은 역전될 수 있다. 당신은 사람들을 도발하거나, 아니면 스스로 도발되는 것을 허용함으로써 우리 세계의 폭력의 현장에서 한몫을 할 수도 있다. 아니면, 그저 당신 자신이 되는 것을 허락하고 놀게 함으로써 자신의 열정을 탐험하고 자신의 역동성(당신의 천재성)을 풀어놓을 수도 있다. 명심하라, 천재성은 특별한 것이 아니다. 그것은 지식이나 마인드와는 아무 상관이 없다. 그것은 자신이 사랑하는 것을 하도록 자신에게 허락하는 순간 떠오른다. 당신의 지평선을 - 그리고 호흡을- 확장하는 것을 자신에게 허락할 시간이다. 만일 당신이 주위의 사람들에게 뭔가를 도발한다면 그것은 그들의 창조적인 불꽃과 깊은 해방감이 될 것이다.

명상할 질문

- 당신의 삶에서 덫에 걸리거나 두려움에 갇혀 있다고 느끼는 곳은 어디인가?
- 어린 아이였을 때 당신은 자신의 역동성과 생동감을 표현하고 즐기는 것이 허락되었는가, 아니면 그것을 억제하도록 가르침을 받았는가?
- 당신의 분노가 여전히 당신을 사로잡는가? 때때로 당신에 의해 도발됨을 사람들이 느끼는가? 그리고 당신은 항상 왜 그런지 이해하지 못하는가?
- 당신이 진정한 해방을 맛본 마지막 시간은 언제인가?
- 당신이 아이였을 때(7 세이하) 좋아했던 일이나 놀이를 생각해보라. 오늘 약간의 시간을 내서 그 활동에 몰두해 보라. 어떤 느낌인지 주목해 보라.

[40] 해소, 해결(Resolve)

40번째 선물인 '해소'는 자신에게 주의를 기울이는 것이 능숙해지는 것에 대한 것이다. 궁극적으로 그것은 깊은 육체적 휴식에 관한 것이다.

재능: 해소, 해결(Resolve)

그림자: 탈진(Exhaustion)

깨어남: 신성한 의지(Divine Will)

프로그래밍 파트너: 37

~ 리차드 러드

나의 위즈덤 스토리

  수 천 년간 영적이면서 예술적인 전통이 전해져 내려오는 집안에서 나는 태어났다. 그러나 아이였을 때 납치되어 노예로 팔려갔다. 나의 주인은 내게 욕만 했다. 그는 나를 동물처럼 취급했다. 나는 살기 위해서 아무런 불평없이 쉬지 않고 내가 할 수 있는 일을 다했다. 열심히 하지 않는다고 두들겨 맞으면 나는 더욱 더 열심히 일했다.

  말을 잘 듣고 몸이 튼튼했기 때문에 산더미같은 일이 내게 주어졌고, 스트레스가 엄청났다. 결국 내 위가 탈이 나고, 소화기가 무너졌다. 나는 심하게 아프고 탈진 상태가 되었고, 주인은 더이상 내게 일을 시킬 수 없게 되었다. 그는 내 등을 채찍으로 때리고 나를 내다버렸다.

  젊은 여자가 쓰레기더미에서 나를 발견했다. 그녀는 나처럼 검은 피부를 가졌지만 자유인이었다. 그녀는 내게 쉴 곳을 주고 나를 간호해서 건강을 되찾게 해주었고 일자리를 찾아주었다. 나는 보수가 적다거나 눈에 띄지 않는 존재라거나 하는 것은 전혀 신경쓰지 않았다. 해야 하는 일들을 기꺼이 받아들였다 – 두들겨 맞지 않는 것을 감사히 여기며 오랫동안 매우 고맙게 일했다. 하지만 나는 외로웠고, 빈털털이였고, 사람들을 매우 무서워했다. 나는 납치되기 전에 나의 할아버지가 만들던 나무 조각상들을 새기고 있을 때만 편안함을 느꼈다. 어느날, 그녀가 나의 조각상들을 보았고, 깊은 감명을 받았다. 그녀는 내게 가게를 열어보라고 격려했다. 나는 '싫다'고 말했지만 그녀는 끈질겼고 직감이 있었다.

그 다음에 내가 아는 것은 그녀가 작은 가게를 계약하고 문에다가 내 명패를 달아놓았다는 것이다. 삶에서 처음으로 나는 나의 주인이 되었다. 이 깨달음이 너무나 큰 고통을 불러 일으켜 나는 일 년 동안이나 매일밤 울다 지쳐 잠이 들었다.

나의 고통을 받아들였을 때 나는 점차적으로 내가 하는 일을 사랑하게 되었다. 조각 일은 힘든 일이었지만, 나는 힘든 줄을 몰랐다. 가게는 번창했고 위도 다 나았고 몸도 다시 젊어졌다. 마침내 나는 그녀에게 가슴을 열었고, 우리는 결혼했다. 그동안 번 돈으로 10년만에 아내와 나는 고국으로 돌아가 새로운 삶을 시작하게 되었다.

나의 발이 아프리카의 흙을 밟는 순간, 나는 고개를 들어 열린 하늘을 바라보았다. 그리고 달콤한 공기를 들이마시며 나의 온 존재가 휴식했다. 그때 멀리서 드럼을 치고 노래를 부르며 우리를 기다리고 있는 마을 사람들의 소리를 들었다. 나는 사랑하는 아내의 눈동자를 들여다보면서 내가 집에 온 것을 알았다.

당신에게 주는 선물

나는, 휴식할 시간일 때, 그리고 세상에 봉사하려는 욕망과 자신의 삶을 즐기고 싶은 욕구 사이에 균형이 중요함을 당신이 이해해야 할 시간일 때 온다. 자신의 지위를 유지하는 것, 건강한 경계를 설정하는 것, 혹은 자신에게 너그러워지는 것을 두려워하지 말라. 당신의 시간과 에너지는 귀중한 것이다. 때로는 '아니오'라고 해야 할 것에 '아니오'라고 하는 것은 '예'라고 하는 것 보다 훨씬 더 강력한 것이 될 수 있다. 나는 당신에게 가끔씩 쉬라고 말하는 것이 아니다. 나는 당신이 자신의 전 존재로 깊고 완전히 휴식하라고 말하는 것이다. 진정으로 휴식할 때 당신은 자신의 진정한 본성과 환경이 조화를 이룬 가운데서 자유롭게 일하며 아무리 큰 일이라도 그 일을 해내는데 필요한 모든 에너지를 갖게 될 것이다. 우리 사회와 국가의 안녕은 진정으로 내면이 해소되어 균형잡힌 육체와 감정을 가지고 영적인 삶을 사는 사람들에게 달려 있다.

명상할 질문

- 어디에서 (누구와 있을 때) 당신은 경계를 긋기가 가장 힘들다는 것을 발견하는가? 당신은 무엇을 두려워 하는가?

- 어디에서 당신은 자기자신과 자신의 귀중한 에너지의 가치를 존중하지 않는가?

- 자신의 삶에서 무엇이(혹은 누가) 당신을 탈진시키는가?

- 고독을 즐기는 법을 배웠는가?

- 혼자 있는 시간을 충분히 가지는가? 당신에게 진정한 휴식을 주는 것은 무엇인가?

- 아픈 경험 때문에 사람들과 거리를 두는가?

- '신의 뜻'에 따른 내적인 '해소'를 느낀 적이 있는가?

- 오늘 누군가에게, 혹은 무엇인가에 '아니오'라고 말해보라. 자신의 성찰을 일기에 써보라.

[41] 예상(Anticipation)

보통 사람들은 꿈을 꿀 때 천재는 표현을 한다.

재능: 예상(Anticipation)

그림자: 환상(Fantasy)

깨어남: 발산(Emanation)

프로그래밍 파트너: 31

~ 리차드 러드

41

나의 위즈덤 스토리

나는 가뭄에 시달리는 가난한 마을에서 자랐다. 우리 부모님은 작은 농장을 가지고 있었고, 마을 사람들에게 달걀과 우유를 팔며 사람들의 이야기를 잘 들어주었다. 어렸을 때 나는, 조용한 절망의 삶을 사는 사람들의 수많은 이야기를 들었다.

대부분의 어린 소녀들이 결혼을 하고 아이를 갖는 꿈들을 꿀 때, 나는 눈을 감고 내 자신이 위대한 사원의 여사제라고 상상했다. 병든 자에게 내 손을 얹고, 나의 심령 능력을 사용하여 사람들을 그들의 운명과 다시 통합시키고, 다시 땅을 비옥하게 해주는 상상을 했다. 그러다 꿈꾸던 눈을 뜨면 무거움에 짓눌려 꼼짝할 수 없는 느낌이었다.

몇 년 동안 나는 세상의 고통을 멀리하고 영광스러운 미래의 비전으로 내 마음을 채우려고 애썼다. 나는 내 자신을 비현실적인 환상들로 사정없이 몰아가며 치유 양식과 성스러운 식물에 관한 모든 책을 읽었다. 나는 심지어 입문자들이 신성한 신부의 방에 들어가 몸을 떠났다가 다시 돌아와 깨어나는 고대의식을 배우기 위해 금지된 도서관에 몰래 들어가기도 했다.

나의 자매들이 아내와 어머니가 되었을 때, 나는 신경과민 덩어리가 되었다. 나는 몸의 피로 징후를 무시하고, 계속 밀어붙여 거의 먹을 수 없게 되었고, 내가 택한 불가능하고 고립된 길에 대한 믿음과 힘을 잃어버렸다.

설상가상으로, 나를 오랫동안 돌보다 어머니가 병에 걸렸다. 어느 날, 놀랍게도 위대한 사원의 여사제가 우리집 문을 두드렸다. 여사제는 아름답고 빛이 났다. 그녀는 명상 중에 걸어서 우리 집을 방문하라는 말을 들었다고 했다. 여사제는 어머니의 가슴에 손을 얹었고 나는 어머니의 눈에서 생기가 다시 돌아오는 것을 경외심에 차서 지켜 보았다.

그 순간 나는 그 모든 시간동안 내 마음을 지식으로 채우느라 한번도 감히 그것을 적용해보지 못했다는 것을 알게 되었다. 나는 시도하는 것이, 그리고 실패하는 것이 너무 무서웠다. 나의 어머니를 도우는데 내가 얼마나 무력했는지 깨닫자 수치심의 물결이 밀려왔다. 마치 내 생각을 읽은 듯 여사제가 내 눈과 영혼을 꿰뚫어 보며 말했다. "아이야, 이런 일은 너의 마음으로는 할 수 없는 것이다. 너 혼자서 할 수 있는 일도 아니란다." 그리고 나서 여사제가 내 손을 잡고 말했다. "나는 네 어머니를 위해서도 왔지만 너를 위해서도 왔다." 그 날이 나의 진정한 도제생활과 일생의 과업의 시작이었다.

당신에게 주는 선물

나는 새로운 경험을 할 때가 될 때 찾아온다. 새로운 세계, 또는 새로운 삶의 장이 당신을 부르고 있다. 당신 안의 모든 충동이 모든 창조물과 소통하는 것처럼 당신 몸의 모든 세포는 복잡하게 연결되어 있다. 주의깊게 듣는다면 진정으로 필요한 것뿐만 아니라 무엇이 다가오고 있는 지를 예상할 수 있다. 당신은 손안에 당신의 꿈의 열쇠를 쥐고 있다. 그리고 그 열쇠를 돌리는 것이 바로 당신의 책임이다. 그러나 명심하라. 당신은 당신의 꿈을 혼자서 표현하기 위해 여기에 있지 않다. 다른 사람들이 참여하도록 하라. 그리고 한 번에 하나씩 작은 단계를 밟아야 한다. 자기 페이스를 유지하라. 도움을 요청하라. 필요할 때 휴식하라. 너무 많이 하거나 너무 적게 하지 말라. 당신이 상상하는 대로 정확히 일이 일어나기를 기대하지 말라. 그리고나서 '예상'의 전율감을 맛보라.

명상할 질문

- 당신의 삶에서 너무 가득찼다는 느낌이 드는 곳은 어디인가? 혹은 너무 빈 느낌이 드는 곳은? 당신은 이 둘 사이를 왔다 갔다 하는 경향이 있는가?

- 당신은 상상은 많이 하지만 현실화시키는데 어려움이 있는가?

- 자신의 꿈을 현실화하는데 너무 몰두하여 지쳤는가?

- 오늘 일기장에서 당신의 생각을 추적해 보라: 얼마나 많은 시간을 미래에 대한 집착으로 보냈는가? 아니면 얼마나 많이 과거를 되풀이했는가?

- 신뢰하는 사람과 꿈을 공유하라. 그들이 들어오게 하라. 그들이 당신의 꿈의 형태와 방향에 영향을 미치게 하라.

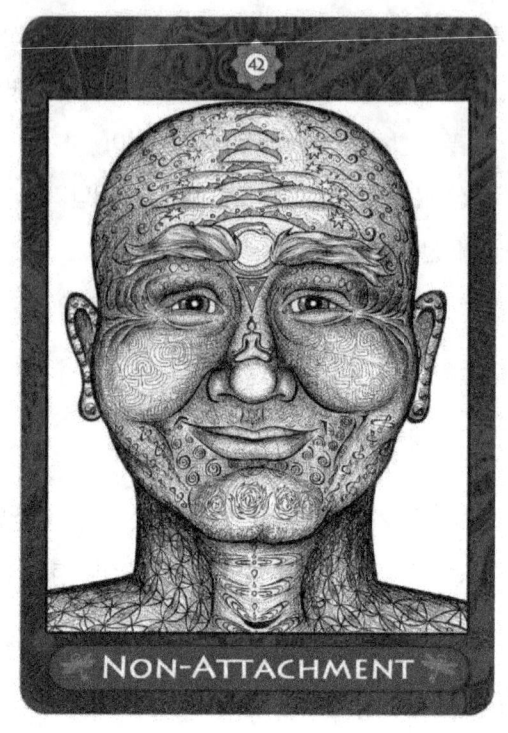

[42] 초연함(Non-attachment)

초연함은, 육체적으로, 정신적으로, 그리고 감정적으로, 자신의 삶에 대한 통제를 놓아버리는 과정을 나타낸다.

재능: 초연함, 애착하지 않음(Non-attachement)

그림자: 기대(Expectation)

깨어남: 축하(Celebration)

프로그래밍 파트너: 32

~ 리차드 러드

나의 위즈덤 스토리

　영원한 낙천주의자로 알려진 나는 항상 뭔가를 향해 가고 있었다. 만족스러운 관계, 흥미진진한 직장, 빛나는 건강. 나는 일단 그 완벽한 삶을 달성하기만 하면 쉬면서 행복할 수 있을 거라고 생각했다. 그래서 나는 모든 이정표를 지나 돌진하면서 항상 붙잡으려 하고 기대하고, 항상 더 나은 미래의 순간을 위해 '지금'의 즐거움을 기꺼이 미루었다.

　나이가 좀 더 들자, 나는 시간에 대해 집착하기 시작했다. 해야 할 일이 너무 많았고 시간은 달아나고 있는 것 같았다. 그러다가 그 일이 일어났다. 기본적인 건강검진을 받을 때 예상치 못했던 것이 발견되었다. 심각한 병이 있다는 진단을 받은 것이다.

　갑자기 나의 삶이 통제불능이 되었다. 나는 공포에 떨었고 화가 났다. "이것들을 하고 있을 시간이 없어!" 나는 속으로 비명을 지르면서 내 삶은 실패라고 느꼈다. 나의 낙천주의는 사람들과 나 자신에 대한 믿음과 함께 사라져 버렸다. 그후 몇 년 동안 나는 저축해둔 돈을 다 썼고 사랑한 사람들도 다 떠났다. 나는 이 의사 저 의사를 전전하며 일반적인 치료에서 대체의학까지 안해본 게 없었다. 아무것도 효과가 없자 공포에 질려 나는 성공할 기회가 오기도 전에 모든 치료를 포기해 버렸다. 의사들은 나를 '별종'으로 보았다. 나는 서서히 죽어가는 내 꿈들과 실망만을 볼 뿐이었다.

결국 나는 심하게 아파서 병원에 입원을 했다. 더 이상 내게 남아있는 불꽃이 없을 때, 같은 병실에서 나처럼 죽어가던 한 여자아이를 만났다. 그 아이의 영혼은 기쁨과 지혜로 가득차 있어 나의 가슴을 녹였다. 아이는 나를 자기 '친구'라고 불렀고, 임박한 자신의 죽음에 대해 평화롭게 받아들이며 나누어 나를 부끄럽게 만들었다.

아이가 죽던 날, 나의 가슴은 말 그대로 박동을 멈추었다. 의사들이 나를 소생시키려고 안간힘을 쓰는 동안, 나는 몸에서 빠져 나와 둥둥 떠오르며 형언할 수 없는 음악과 색깔과 빛의 터널 속으로 빨려 들어갔다. 나는 내가 여지껏 알고 있던 것을 넘어선 '사랑'을 느꼈다. 그때 나는 그 아이, 병원에서 만난 나의 친구가 꽃이 피어 있는 벌판을 가로지르며 달려와 내 팔에 안기는 것을 보았다. 내가 기운차게 아이를 번쩍 들어올리자 아이가 속삭였다. "돌아갈 시간이야, 친구, 축하할 일들이 아직 잔뜩 있다구." 다음 순간 나는 내가 다시 몸으로 돌아온 것을 알았고, 아픔에도 불구하고 가득찬 감사와 평온을 느꼈다.

내가 처음 의학적인 기적으로 알려진 지도 벌써 여러 해가 지났다. 이제 사람들은 나의 눈에서 삶에 대한 나의 신뢰를 느낀다. 나는 나 자신이나 사람들을 두려워하지 않는다. 나는 죽음과 평화를 맺었다. 이제 나는 자유롭게 살고 사랑하며 귀중한 선물로 주어지는 매 순간을 감사한다.

당신에게 주는 선물

나는 당신에게 '애착하지 않음'이라는 선물을 가지고 온다. 나는 새로운 것이 태어날 수 있도록 삶에서 모든 것은 끝이 있어야 한다는 것을 당신에게 일깨워주기 위해 여기 있다. 삶에 항복하고 자신의 죽음을 받아들일 시간이다. 이것은 당신이 욕망하기를, 배려하기를, 혹은 느끼기를 멈추라는 뜻이 아니다. 사실 나는 당신이 느끼기를, 그리고 숨쉬기를 - 여지껏보다 한층 더 강렬하게 - 원한다. 이것은 또한 당신이 기대를 가질 수 없다는 뜻도 아니다. 그저 그것들을 가볍게, 애착없이 가지고 있으라. 당신 삶의 지성을, 그 썰물과 밀물을, 고통과 기쁨을 신뢰하라. 만일 당신이 애착을 떨쳐버릴 수 있다면, 더없이 슬픈 상태들 조차도 즐길 수 있다. 명심하라, 당신은 진행 중인 이야기이다. 작가이면서 동시에 독자이다. 당신의 장엄한 자아와 삶을 축하할 기회를 절대로 놓치지 말라.

명상할 질문

- 어디에서 변화에 저항하고 있는가? (예를 들면, 당신 몸의 노화, 당신 자녀들의 개인화, 오래된 사고방식이나 존재방식).

- 당신 삶에서 끝나가고 있는 것은, 혹은 죽어야 할 필요가 있는 것은 무엇인가?

- 무엇을 - 혹은 누구를 - 당신은 떠나 보낼 필요가 있는가?

- 당신은 너무 빨리 계획이나 관계, 또는 경험을 포기해 버리는가? 그것들의 진정한 결말이 당신에게 무엇을 가져다 줄까?

- 당신의 삶에서 변화를 포용하라. 그것을 축하하기 위한 구체적이고 고무적인 방법을 찾아보라.

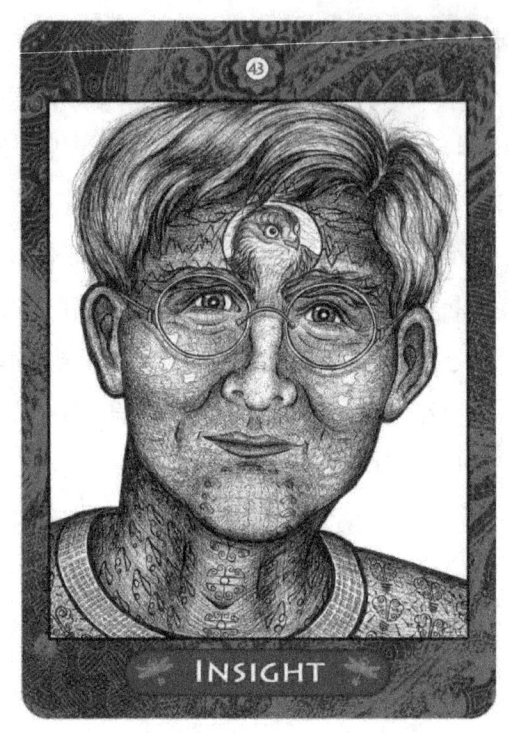

[43] 통찰력(Insight)

인간은 모두 다른 사람에 의해 복제될 수 없는 세상 속의 한 공간을 채우고 있다는 점에서 반역자로 태어난다.

재능: 통찰력(Insight)

그림자: 귀 기울이지 않는 것, 귀머거리(Deafness)

깨어남: 직관, 통찰, 현현(Epiphany)

프로그래밍 파트너: 23

~ 리차드 러드

나의 위즈덤 스토리

나는 아이치고 걱정이 많았다. 나의 마음은 일어날 수 있는 나쁜 일들과 어떻게 그것들을 피할 수 있을지에 대한 생각으로 혼란스러웠다. 좀 더 거친 나의 형들은 정서적으로 소심한 나를 두고 놀려댔다. 학교에서 나는 '브레인'으로 불렸다. 내가 남들과 다른 별종같이 느껴졌다. 나는 상황에 적절하게 부합되기를, 안전하기를, 성공하기를 너무나 원했다.

아이러니하게도 문제들을 예측하는 나의 능력 덕분에 나는 훌륭한 프로그래머가 되었다. 아무도 나처럼 문제들을 찾아내서 고치지 못했다. 문득, 괴짜가 되는 것이 멋있어졌다. 젊은 시절에 나는 독립해서 부자가 되었다. 짜릿하게도 마침내 나는 형들과 겨룰 수 있었고, 가족이 모이면 내가 대화를 주도하면서 직장에서 거둔 성공에 대해 끝없이 이야기를 했다. 가족들이 도와준 것에 대해서는 듣는 둥 마는 둥하고 나는 나의 최신 기계들을 과시하며 부탁받지도 않은 기술적인 조언들을 늘어놓고, 개인 트레이너를 고용한 뒤부터 내 복근이 얼마나 커졌는지에 대해 적합하지 않은 말들을 불쑥불쑥 내뱉었다. 가족들의 인정을 얻기에 바빠서 나는 내가 얼마나 고통스러운지, 내가 얼마나 마음 속으로 그들의 관계를 부러워하는지 알지 못했다.

가족모임이 끝나고 집으로 돌아오면 나는 나를 기분좋게 해주는 테크놀러지를 꺼낸다. 비디오게임을 하고 TV를 보며 동시에 다수의 연애사이트를 서핑했다. 좀 더 생산적이 되기 위해 '시간절약'에 강박적으로 집착하며 나는 핸드폰 하나로 오디오, TV, 컴퓨터, 자동차, 태양열 판넬, 사우나를 모두 작동하는 법을 배웠다. 그러나 시간을 절약하기는 커녕 오히려 테크놀러지가 그 모든 것을 삼켜버렸다. 내 삶을 능률적으로 만들려고 열심히 일하면 할수록 삶이 더 복잡해졌다. 나는 그 '소음'을 멈출 수가 없었다.

번개 같은 통찰이 일어났다. 내가 했던 것, 내가 익숙한 것이나 쌓아왔던 것들은 아무것도 나로 하여금 내 자신 속에서 더 편안해지도록 해주지 못했다. 혹은 내가 진정으로 이 세상에 속해 있다는 느낌을 갖게 해주지 못했다. 단번에 나는 내 모든 청약들을 취소하고 TV 와 기계들을 벽장에 처넣어 버렸다. 그리고 나서 고요함을 느꼈다. 정말로 고요했다.

나는 귀 기울여 듣는 것만 했다 – 처음에는 내 머리 속의 소음을, 그 다음에는 집안의 소리를, 그리고는 뒤뜰의 새소리들을. 천천히 나는 테크놀러지를 다시 들여왔다. 먼저 음악을, 그 다음에는 팟 캐스트를 – 실제 사람들의 고통과 사는 이야기를 전해주는 감동적인 팟 캐스트들을. 내 삶의 행로를 바꾼 통찰이 다시 내게 왔다. 나는 나처럼 느꼈던 사람들을 위하여, 그들에게 경의를 표하며 라디오쇼를 만들었다. 나는 그것을 '아웃 캐스트 (추방자)'라고 불렀다. 그것은 시작에 불과했다.

당신에게 주는 선물

나는 당신 속의 반역자 – 시인, 연인, 미친 과학자, 혁명가 – 를 불러내기 위해 여기에 있다. 오직 당신만이 할 수 있는 뭔가가 있다. 그 일을 위해 당신의 삶 전체가 당신을 준비시켜 왔다. 모험을 할 시간이다. 시스템을 뒤흔들 시간이다. 당신은 소동을 일으킬 것이다. 괜찮다. 무엇을 하든 현

상황에 더 이상 귀를 기울이지 말라. 이것은 화풀이나 비난하는 것에 대한 것이 아니다. 이것은 창조적이 되고 사랑에 가슴을 여는 일이다. 자신이 가고 있는 정확한 곳이나 그 이유를 꼭 알아야만 자신의 내면의 목소리를 신뢰할 수 있는 것은 아니다. 당신이 용감하게 새로운 길들을 닦아 나갈 때, 자신의 타이밍이 더 정확해지고 번뜩이는 통찰들을 길에서 마주치더라도 너무 놀라지 말라. 감히 자기 자신이 되어라. 그 때 당신은 가는 곳마다 사람들 속에 있는 창조적인 반역자에게 불을 불일 것이다.

명상할 질문

- 요즘 당신이 가장 걱정하고 있는 것은 무엇인가?

- 자신의 걱정거리에 집착하고 있는가? 아니면 분주함이나 외부의 소음이나 자신의 수다로 그것들을 잊어버리는가?

- 자신이 오해받는다거나 상황에 잘 맞지 않는다는 느낌이 계속 드는가?

- 자기방어를 하느라 다른 사람의 말에 어떻게 귀를 막고 있었는가?

- 다르게 되는 것을 두려워하지 않았다면 당신이 남들과 다르게 했을 일은 무엇인가?

- 깊은 통찰이나 직관을 체험한 적이 있는가? 그것은 무엇이었나?

- 자신의 걱정거리를 하루 동안 추적해 보라. 그 걱정이 변하는 것을 지켜보라.

[44] 팀워크(Teamwork)

팀워크의 선물은 자신의 삶에 속한 사람을 알아보는 것에 대한 것이다.

재능: 팀워크(Teamwork)

그림자: 간섭(Interference)

깨어남: 시너지(Synergy)

프로그래밍 파트너: 24

~ 리차드 러드

44
나의 위즈덤 스토리

내가 어렸을 때 어머니는 우리를 버렸다. 아버지는 다섯 자식들에게 잘해주고 싶었지만, 그러지 못했다. 아버지는 자주 상황에 압도되어 며칠동안 사라져 도박에 돈을 다 탕진했고, 장남인 내가 어린 동생들을 책임져야 했다. 나는 아이가 할 수 있는 것보다 더 많은 책임을 지기 위해 빨리 어른이 될 수 밖에 없었다.

청년이 되어 나는 모든 여자들을 단념하고, 노동자가 되었고, 자연스럽게 지도자의 위치에 끌렸다. 사람들은 나를 믿는 경향이 있었고, 나는 지도자의 위치에 있는 것이 좋았다. 그게 설령 가라 앉는 배의 선장일지라 해도… 일이나 조직이 밖에서 보기에는 별문제가 없었지만 시간이 지날수록 나는 잘못된 판단으로 일처리를 했다. 내 상관들은 사라지거나 공을 떨어뜨렸고, 부하들은 어떻게 해야 하는지 몰라 갈팡질팡하고, 내가 남아서 뒤처리를 해야 했다.

그때 나는 어릴적의 그 모든 것을 다시 겪고 있었다. 나는 모든 곳에서 엉망진창인 것을 보았다. 정치에서, 종교에서, 경제에서. 그리고 사랑에서도. 지도자들은 사람들을 버리고 있었고, 사람들은 그 자신들과 서로를 버리고 있었다. 그리고 아무도 신경 쓰는 것 같지 않았다. 나는 아무도 믿지 않았다.

그러던 어느 날, 한 여자가 내 삶에 들어와 나의 관심을 끌었다. 그녀는 나와 전혀 다른 원주민 출신이었음에도 불구하고 이상하게 친근감이 느껴지는 것이 있었다. 그녀는 신비로운 신뢰의 능력이 있었다 - 나무들을,

강들을, 새들 뿐만 아니라 사람들을. 나를. 그녀는 내 삶의 완벽한 아이러니를 보게 해주었고, 나의 어릴 적 스토리가 다른 가면을 쓰고 어떻게 계속 나의 삶을 간섭하는지를 보게 해주었다.

그 패턴을 볼 수 있게 되자, 곧 모든 것이 변하기 시작했다. 아무도 믿지 않던 내 가슴이 열렸고, 한 여자를 내 가슴 속으로 들어오게 했다. 그녀와의 친밀한 관계 속에서, 나에게 사람들에 대한 후각이 발달했다. 점점 더 많은 비슷한 동류의 사람들이 내 삶으로 들어왔다. 곧이어 나는 동시적이고, 원활하게 협력하는 공동체에 초대받아 그곳에서 살며 일하게 되었다. 나는 이런 종류의 기쁨이나 팀워크를 한번도 알지 못했었다. 모든 참가자들은 그들이 가장 사랑하는 것으로 기여하고, 모두가 책임을 공유했다. 그리고 훨씬 더 자주, 일이 순조롭게 진행되었다. 이제 나는 소속의 진정한 경험이 무엇인지 안다.

당신에게 주는 선물

나는 당신이 성장하기 위해서 당신이 알아야 할 것을 정확히 가르쳐 주는 관계들을 항상 당신이 끌어당긴다는 것을 상기시켜 주러 왔다. 당신의 삶에 사람들이 있는 이유가 있다고 믿으면 믿을수록 당신은 배울 필요가 있는 관계에서의 교훈을 더 많이 배울 수 있을 것이다. 그리고 새로운 동료와 친구들 그리고 협력자들을 선택할 때 더 좋은 판단을 내릴 수 있을 것이다. 당신의 본능을 신뢰하기를 바란다. 당신의 삶 속에 있는 사람들의 냄새를 맡기 시작하라. 자신에게 물어보라. "누가 나의 진정한 동료일까?" 당신은 그룹에서 당신이 상상할 수 있는 것보다 더 많은 신뢰와 조화, 그리고 팀워크를 경험할 잠재력을 가지고 있다. 당신이 진정한 자신의 팀을 찾게 되면, 당신의 운명은 자연스럽게, 그리고 마법처럼 펼쳐질 것이다.

명상할 질문

- 사람들을 믿는데 어려움을 겪고 있는가? 그들과 거리를 두고 있는가?

- 건강하지 않은 똑같은 관계 속으로 계속 빠져드는가? 당신의 본능이 자주 꺼져 있는가?

- 당신의 새로운 관계들을 방해하는 오래된 관계는 무엇인가?

- 팀워크를 경험하거나 목격했던 때를 생각해보라.

- 당신의 현재 관계도를 그려보라. 당신의 진정한 동료를 표시해 보라. 누구를 믿는가? 누구를 믿지 않는가? 솔직하라.

- 당신의 삶에서 당신과 가장 많이 싸웠던 사람들을 한번 보라. 여기서 만약에 그들이 당신에게 무엇인가를 가르쳐 준다면 그것은 무엇일까?

[45] 시너지, 상승작용(Synergy)

공포를 기반으로 만들어진 시스템은 결국 그 자체로 무너지게 되어 있다.

재능: 시너지, 상승작용(Synergy)

그림자: 지배(Dominance)

깨어남: 친교, 영적교감(Communion)

프로그래밍 파트너: 26

~ 리차드 러드

나의 위즈덤 스토리

나는, 딸은 아버지의 제국을 물려 받을 수 없는 나라에서 태어났다. 어린 소녀일 때, 나는 겁이 많았지만 착하고 관찰력이 있었다. 나는, 아버지가, 밤낮으로 일하면서 무에서부터 가업을 일으키고 까다로운 투자자들을 만족시키며 한 계단씩 사다리를 올라가는 것을 지켜보면서 시간을 보냈다. 아버지는 자신이 원하던 힘과 권위를 얻게 되자 그것들을 잃지 않기 위해 단호해졌다. 아버지는 직원들, 돈, 지위, 유산의 고삐를 단단히 움켜쥐고 놓지 않았다. 아버지는 절대로 사업과 우정을 섞지 않았다. 심지어 어머니 조차도 회사의 비밀을 알지 못했다. 나이가 들자 아버지는 점점 편집증적으로 변해갔고, 오만하고 지배적이 되었다. 성미가 불 같았다.

아버지가 사업을 나에게 물려주고 돌아가셨을 때 모두가 느꼈을 충격을 상상할 수 있을 것이다. 회사의 금고열쇠들을 받았을 때 나는 온몸에 전율이 일었다. 나 자신을 포함해서 대부분의 사람들이 내가 실패할 거라고 생각했다. 그러나 나의 가장 친한 친구들은 나를 믿었고 무조건적인 지원을 약속했다.

나는 감사를 느끼며 용기를 내어 가족 사업의 첫 번째 규칙을 깨트렸다. 나는 친구들을 회사로 끌어들였다. 나는 친구들을 위협으로, 경쟁자로, 혹은 빈궁한 기생충들로 보지 않았다. 나는 친구들을 더없이 귀중하고 믿을 수 있는 자원으로 보았다. 나는, 내가 필요한 모든 것, 내가 아는 모든 것을 공유했고, 그리고나서 간섭하지 않고 그들이 가장 잘하는 것을 할 수 있는 자유를 주었다.

처음에는 이익이 감소했고, 나는 우리가 망하는 것이 아닌가 걱정이 되었다. 그러나 회사의 분위기가 바뀌었다. 선의와 협력과 창의력이 풍부해졌다. 곧 우리의 효율성 수준이 올라가고 이익이 상승했다. 나는 기존직원과 신규직원들이 각자 원하는 분야에서 교육과 훈련을 받는 것에 대부분의 수익을 투자했다. 곧 우리를 위해, 그리고 우리와 함께 일할 기회만이라도 얻기 위해 사람들이 길게 줄을 섰다. 해가 거듭하고 우리의 제품과 서비스는 점점 더 우리 고객들과 환경에 건강해졌다. 직원들의 삶과 일의 균형이 향상되어 가족구성원들이 모두 번창하고 그들도 삶과 일의 균형을 맞추기 시작했다.

우리의 인도주의적 노력들, 자원을 공유하는(거래하는 것이 아니라)능력과, 비영리 단체들과 예술가들, 활동가들과 첨단산업들과 기꺼이 교류하는 우리의 의지는 세계곳곳에서 하나의 롤모델로 사용되고 인정받게 되었다. 나 같이 소심한 소녀가 이정도면 괜찮지 않은가!

당신에게 주는 선물

나는 당신이 두려움을 떨쳐버리고 도약하라고 용기를 주기위해 여기 있다. 당신이 가족의 일원이든, 사업의 리더이든, 두려움이 계속 당신의 삶을 지배하고 있는 방식들을 찾아보라. 당신이 지배적이 되는 곳은 어디인가? 공유하는 것이 더 나은 힘을 당신이 붙잡고 놓지 않는 곳은 어디인가? 이전에 해오던 것과는 다르게 조직화가 되기 시작하는 시간이 우리 행성에 다가오고 있다. 경쟁이 사라지고, 시너지효과를 주는 협력이 나타나고 있다. 세상을 보면 선한 의지보다 온통 이익추구에 혈안이 되어 있다고 생각할 수도 있겠지만, 그렇지 않다는 것을 당신에게 재확인시켜주기 위해 나는 온다. 결국에는 항상 선이 이긴다.

명상할 질문

- 어디에서 당신은 너무 소심해서 배를 전복시키기를 두려워하는가?
- 당신의 삶에서 외적권위에 도전할 때인가?
- 건강하지 못한 경쟁적인 충동들을 쏟아온 곳은 어디인가?
- 한 계단을 더 오르려고 계속 집착하는 곳은 어디인가?
- 선의와 협력이 보상받았을 때를 생각해보라.
- 짜릿한 시너지 효과를 일으키는 협력에 참여하는 것을 상상해보라. 어떤 종류의 계획이 당신을 가장 흥분시키는가? 당신은 자신의 어떤 재능을 발휘하고 싶은가? 누구와 함께 일하고 싶은가? 구체적인 사람을 모르겠다면 그런 사람들이 나타나게 만들어라! 당신의 동업자들이 가졌으면 하는 자질을 적어 보라. 창조적이고 이상적인 영적교류, 친교를 상상해 보라!

[46] 즐거움(Delight)

행운은 삶을 방해하지 않을 때 생기는 것이다.

재능: 즐거움(Delight)

그림자: 심각함(Seriousness)

깨어남: 황홀경(Ecstasy)

프로그래밍 파트너: 25

~ 리차드 러드

나의 위즈덤 스토리

부모님은 우리가 행복하기를 원했지만, 그분들은 행복하지 않았다. 어머니는 차가운 사람이었고, 자신의 몸을 수치스러워하며, 작은 통증과 아픔에도 병적으로 집착했다. 사악한 영혼을 두려워하여 어머니는 나와 남동생이 너무 자유분방하거나 즉흥적으로 장난을 치면 끊임없이 우리를 훈계하셨다. 아버지는 열심히 일하는 분이셨는데 과거의 트라우마를 갖고 계셨다. 우리의 야성적인 본능들이 위험을 초래할까 봐 두려워서 아버지는 우리의 모든 행동을 통제하려 하셨다.

남동생은 아무 것도 진지하게 받아들이지 않음으로써 부모님에게 대항했다, 부모님에게 벌을 받을 때조차도. 동생은 항상 즐거워했고, 부모님은 항상 동생의 경박함을 못마땅해 했다. 한번은 동생과 부모님이 대판 싸웠고, 동생은 집을 박차고 나가서 다시는 돌아오지 않았다. 나는 부모님의 비탄을 느꼈지만, 속으로는 동생을 부러워했다. 왜 나는 동생처럼 태평스럽고 자유로워지지 못하는 것일까? 왜 나는 다른 사람들의 생각에 그토록 많은 신경을 써야 하는가? 나는 항상 내가 다르기를 원했다 - 좀 더 똑똑하고, 덜 뚱뚱하고, 좀 더 성공적이기를.

성숙해지자, 진정한 행복은 육체적 아름다움과 외적인 성공만으로는 안된다는 것을 알게 되었다. 그래서 나는 내면을 중요시하며 진지한 영적 여행에 착수했다. 수많은 의식에 참가해서 침묵 속에 앉아 기도했다. 그러나 여전히 행복하지 않았다. 모든 일을 잘못하고 있고 내게는 되는 일이 하나도 없다고 - 깨달음 마저도 - 확신하며 여전히 삶을 두려워했다.

어느날, 나무 밑에 앉아 명상을 하려고 애쓰고 있는데 나이든 여자 한 명이 나타났다. 그녀는 나의 신성한 제단과 심각한 내 표정과 나를 유심히 보았다. 그러더니 다짜고짜 내 손을 잡고 나를 끌고 해변가에 있는 숲 속의 공터로 데려 갔다. 나는 멀리서 들려오던 그 웃음소리들을, 혹은 우리가 도착했을 때의 그 화려한 광경을, 내가 보았던 것 중에 가장 즐거운 여자들의 모임을 결코 잊지 못할 것이다.

각양 각색의 실루엣과 크기와 나이, 그리고 더없이 환상적인 옷들을 차려입고 그녀들은 거대한 모닥불 주의를 돌아다니며 아무 거리낌없이 노래부르며 춤을 추고 있었다. 내가 미처 알아채기도 전에 모두 옷을 훌훌 벗고 환호성을 지르며 물 속으로 뛰어들었다. 나는 너무 심하게 웃느라 내가 어떻게 보이는지, 혹은 다른 사람이 어떻게 생각하는지에 대해서는 몽땅 잊어버렸다. 나도 훌훌 옷을 벗어 던지고 빙글빙글 돌면서 바다 속으로 들어갔다. 그 보름달 밤이 행운으로 가득찬 내 삶의 시작이었다.

당신에게 주는 선물

나는 삶과 사랑 말고는 정말로 아무것도 중요하지 않다는 궁극적인 진리를 나누기 위해 왔다. 삶의 작은 즐거움들을 즐기고 어떤 모습이든 상관없이 자신의 몸 안에서 휴식할 시간이다. 일어나고 있는 일을 이해하든 못하든, 당신은 신나는 파도타기처럼 삶을 써핑할 수 있다. 그러나 그렇게 하려면 먼저 과거를 미련없이 놓아주고, 모든 안건들을 해제해 버리고, 가슴과 마음을 열어 놓아야 한다. 명심하라, 심각하게 여기지 않으면 않을수록 더 쉽게 자신의 방식에서 벗어나게 되고, 당신이 가야할 정확한 곳으로 정확한 시간에 데려다 주는 삶의 즐거운 놀라움을 더 쉽게 허용하게 될 것이다. 장엄하고 마법적인 우주가 당신 속에서 항상 작용하고 있다.

명상할 질문

- 자신이 내면에서 느끼는 것보다 겉으로 더 느긋하다고 여기는가?

- 당신이 삶을 너무 심각하게 여기는 곳은 어디인가?

- 자신의 외모에 대해 걱정하는 경향이 있는가? 이러한 걱정들이 계속 당신이 삶을 즐기거나 모험하는 것을 방해하는가?

- 엑스타시를 경험해 보았는가? 좋았는가? 무서웠는가?

- 재미있고 가슴 따뜻한 영화를 한편 보라. 웃어라.

- 자신의 삶에서 동시성의 신호와 사소한 즐거움의 순간들에 주의를 기울여 보라. 그것을 일기장에 써보라.

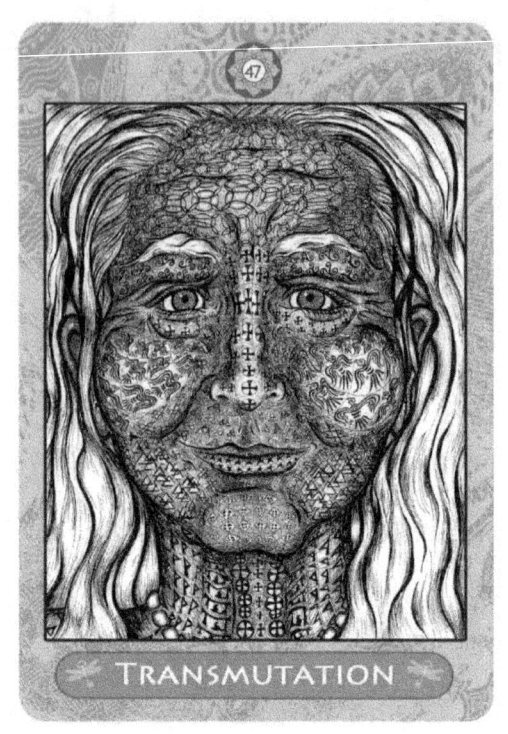

[47] 변이(Transmutation)

고통을 초월하는 유일한 방법은, 자신에게 다가오는 모든 사건과 감정을 기꺼이 받아들이며 고통 속으로 더 깊이 들어가는 것이다.

재능: 변이, 변화(Transmutation)

그림자: 억압(Oppression)

깨어남: 변형, 예수의 변형(Transfiguration)

프로그래밍 파트너: 22

~ 리차드 러드

나의 위즈덤 스토리

나는 어릴 적에 같은 악몽을 반복해서 꾸었다. 그것은 언제나 내가 내 등 뒤의 어떤 것을 지키고 있는데, 턱수염이 난 남자가 큰 칼을 들고 나를 맴도는 것으로 끝났다. 나는 항상 칼날이 내 가슴에 닿기 직전에 비명을 지르며 깨어났다.

아버지는 유약하고 조용한 남자였다. 아버지는 가혹했던 가족의 과거를 말하거나 어떠한 것을 믿거나 하지 않았다. 어머니는 교회의 신조를 철썩같이 믿고 따르는 사람이었다. 어머니는 사악한 것이 딸인 나에게 붙었다고 확신하며, 나를 교회로 끌고 갔다. 몇 년 동안, 나는 용서를 빌고 악마를 없애기 위해 기도했지만, 그 악몽은 더 강해지기만 했다.

젊은 아가씨가 될 때까지, 나는 무슨 수를 써서라도 잠을 자지 않으려고 했다. 어느날 밤, 나는 어찌해야 할 바를 모르는 무력함에 가득차 아버지 앞에 쓰러졌고, 마침내 아버지에게 그 꿈을 털어놓았다. 아버지는 이상한 호기심을 보이며 내 꿈을 더 알고 싶어했다. 아버지의 놀라운 반응은 내 안에서 호기심과 용기를 깨어나게 했다. 그날 밤, 나는 기꺼이 잠에 들었다. 여전히 나는 칼이 떨어지기 직전에 잠에서 깨어났지만, 나는 더 많은 정보를 가져올 수 있었다. 그 다음날 밤, 같은 일이 반복되었다. 그리고 그 다음날 밤도. 나는 마치 탐정처럼, 마음대로 꿈속을 들락거리며 항상 죽기 몇 초 전에 깰 수 있었다. 아버지는 내가 꿈을 꿀 때마다 새로운 세부사항을 자세히 알고 싶어했다. 그것은 마치 우리 두 사람이 고대로부터 온 수수께끼의 퍼즐을 맞추고 있는 것 같았다.

어느날 밤, 나는 턱수염남자의 벨트에서 희미한 글자들을 발견했다. 나는 아버지에게 그 세 개의 글자를 그려서 보여주었다. 아버지는 당신 방으로 달려가서 황급히 노르딕 심볼로 가득한 오래된 책을 가지고 왔다. 그 책은 아버지가 한번도 말한 적이 없던 할아버지가 아버지에게 주신 것이었다. 즉시, 우리는 그 세 개의 심볼의 의미(여행, 선물, 그리고 즐거움)를 보게 되었다. 나는 아버지의 눈이 그렇게 빛나는 것을 본 적이 없었다. 그날 밤 나는 즉시 잠자리에 들었다. 이번에는 단검이 내 가슴을 찌르게 놔두었다. 피도 나지 않았고, 아프지도 않았다. 다만 눈부신 빛이 가슴을 가득 채웠다. 그 오랜 세월 동안 내가 보지 않으려고 했던 얼굴로 고개를 돌리자, 보석이 넘치는 보물상자가 보였다. 턱수염남자가 다시 나타났고, 이번에는 친절함으로 빛나고 있었다. 칼 대신, 그는 어린시절의 아버지의 사진을 손에 쥐고 있었다. 그가 말했다. "네 아버지에게 말해 주렴. 내가 용서를 빈다고. 사랑한다고."

그 이후로 아버지와 나는 이전과 같은 사람이 아니었다. 우리 조상과 다시 이어진 것이 아버지와 나를 강하게 만들었고, 치유했고, 변형시켰다. 이제 나는 기꺼이 보거나 느끼는 것이 꺼려지는 것은 아무것도 없다. 나는 보물의 보물을 계속 발견한다.

당신에게 주는 선물

나는 당신을 두렵게 했던 그것을 향해 가라고 당신에게 부탁하려 여기 왔다. 당신은 당신이 고정된 정체성을 가지고 있다고 생각하겠지만, 그렇지 않다. 당신은 영원히 변하고 있다. 당신은 한계들에 부딪치고, 그리고나서 뭔가 다른 것 속으로 녹아들도록 되어 있다. 변화는 당신의 진화를 향한 열쇠이다. 나는, 아무것도 억제하지 않을 때, 모든 것을 포용하고 위험하게 살 때 온다. 당신이 누구인지, 혹은 당신이 무엇을 할 수 있는지에 대한 모든 정의를 내려 놓으라. 두려움에 대해 편안해져라. 기꺼이 판도라의 상자를 열어라. 진실로 당신이 자신의 고통을 초월하길 원한다면, 그 속으로 깊이 들어가라. 항복하라. 당신은 어느 순간이든 양자도약을 할 수 있고, 그때 당신의 진정한 목적이 드러날 것이다.

명상할 질문

- 당신은 자신의 삶을 포기한 적이 있는가? 가끔 당신은 무슨 일을 하더라도 자신의 인생이 더이상 나아지지 않을 것처럼 느껴지는가?

- 당신이 대면하거나 다루고 싶지 않은 두려움은 무엇인가?

- 어떤 것에 대해 정신적으로 확실해질 때 기분이 좋은가?

- 당신은 계속 자신의 생각에 의해 억압받는다고 느끼는가?

- 당신과 다르게 생각하는 사람들과 관계를 맺기가 어려운가?

- 당신이 정말로 두려워하는 어떤 것을 생각해 보라. 상징이나 창조적 행위로 그 두려움에 다가가라.

- 당신의 삶에서 변화를 경험했던 시간을 생각해 보라.

[48] 풍부한 자원(Resourcefulness)

평정과 온전함과 명쾌함을 가지고 감정상태들을 다루는 법을 알지 못한다면, 우리는 결코 완전한 성인으로 들어선 것이 아니라 어떤 수준에서 아이의 상태로 남아있는 것이다.

재능: 풍부한 자원(Resourcefulness)

그림자: 부적절함, 불충분함(Inadequacy)

깨어남: 지혜(Wisdom)

프로그래밍 파트너: 21

~ 리차드 러드

나의 위즈덤 스토리

나의 아버지는 나라를 위해 기꺼이 목숨을 바칠 각오가 되어 있는 이상주의적인 젊은이였다. 아버지는 전쟁을 겪으며 경험한 용기와 협력과 충성심을 숭배했고, 전쟁이 끝났을 때는 거의 그만큼 자신과 전우들이 받은 대우를 증오했다. 아버지는 당신의 모든 것을 주었던 그 사람들로부터 버림받고 잊혀지고 그토록 헌신적으로 봉사했던 정부에 의해 조종당했다고 느꼈다.

내가 한창 초등학교를 다니고 있을 때까지, 아버지는 신랄하고, 편집증적이며 파렴치한 사람이었다. 아버지는, 음모론에 사로잡혀 정부를 몰래 염탐하고 있지 않을 때는 나에게 화를 풀며 내가 막돼먹었고 매력이 없다고 끊임없이 나를 비난했다.

어머니는 어떻게든 수지타산을 맞추어 가정을 꾸리고 체면치레를 하는 데 사로잡혀 있었다. 어머니가 나에게 바라는 것은 학교에서 공부 잘하고 예쁘게 보이고, 그래서 이웃들이 집안에서 벌어지고 있는 일들을 눈치채지 못하게 하는 것이었다. 무가치하다는 느낌이 커지자 나는 텔레비전에 달라붙어 멋지고 매력적이고 성공한 완벽한 여자들을 내세운 상업광고와 아름다운 사람들로 가득찬 드라마에 빠져 있었다. 그리고 대조적으로 나 자신은 참을 수 없을 정도로 밋밋하다고 느꼈다. 사춘기에 들어서자, 나는 예쁜 외모와 착한 행동과 공부를 잘해야 한다는 생각에 더 압박을 받았다.

나는 나의 외모와 성적과 최고의 대학에 들어가는 것에 집착하였다. 시험이 있는 날은 잠을 잘 수 없었고, 복부의 공허함을 채우고 신경을 진정시키려고 필사적이 되어 폭식을 하고 토했다.

마침내, 고등학교에 들어가 나의 가장 개인적인 고통에 대한 글을 써보라고 격려해 주신 훌륭한 영어 선생님 덕분에, 불충분하다는 깊은 느낌이 어떻게 내 삶을 강탈해 갔는지를 이해하게 되었다. 선생님은 단지 나의 고통만을 보지 않았다. 선생님은 있는 줄도 몰랐던 내 안의 깊이와 감수성과 지혜를 보았다. 선생님은 나에게서 그것들을 계속 끌어냈다. 내가 젊은 여성으로 꽃 피어나고, 나의 내면적 앎을 신뢰하게 되고, 지구를 기반으로 한 영성과 사랑에 빠졌을 때, 나는 내 삶이 이렇게 전개된 것에 대해 선생님에게 매우 감사했다.

오늘 나는 평화롭게 잠을 자며, 7 살에서 14 살까지의 아이들의 정서적이고 영적인 치유의식을 도와주는 대단한 영광을 누리고 있다. 매일 나는 이 아이들의 풍부한 내적 자원에 영감을 받으며 놀라워 한다.

당신에게 주는 선물

당신 안에 있는 어둠의 우물로부터 숨지 마라. 그 우물의 밑바닥에는 무한한 빛과 보물들이 있기 때문이다. 당신은 삶의 모든 도전들에 대한 훌륭한 해결책과 당신이 가장 필요로 할 때 적절한 도움을 찾을 수 있다. 그러나 먼저, 당신은 당신이 모든 답변을 가지고 있지 않을 때라도 안전하다는 것을 당신의 몸에게 확신시켜주어야 한다. 두려움 앞에서도 당신 내면의 부모가 내면의 아이를 사랑하고 보듬어주게 하라. 시간이 지나면, 당신은 자연스럽게 공허 속으로 뛰어들 것이고, 예상했던 것보다 더 따뜻함을 발견할 것이다. 당신의 내면적 앎을 신뢰하라, 그러면 당신 주변의 사람들이 당신의 우물 속으로 들어가 당신이 생각했던 것보다 더 많은 자원과 지혜를 퍼올리기 시작할 것이다. 당신은 생각하는 것보다 훨씬 더 충분하다.

명상할 질문

- 당신의 관계에서 두려움은 무엇인가? 당신은 당신의 두려움을 피하거나 억누르는 경향이 있는가? 또는 그것을 행동으로 옮기는가? 혹은 그것에 반응하는가?

- 어디에서 가장 불충분함을 느끼는가? 충분하지 않다는 느낌이 어떻게 당신의 생각과 느낌에, 그리고 행동에 영향을 주는가?

- 사람들이 당신 주변에서 두렵거나 불충분하다고 느끼는 경향이 있는가?

- 당신의 삶에서 누가 진정으로 당신의 지혜를 보고, 그것을 밖으로 끌어내 주는가?

- 자신의 지혜를 표현했거나 경험했던 시간을 생각해 보라.

- 당신의 가장 위대한 내적 자원 10 가지를 써보라. 그것을 쓰는 동안 일어나는 생각과 감정들을 알아차려라.

[49] 혁명(Revolution)

자기 편인 사람들은 선이고 다른 사람들은 악이라고 간주하는 한, 당신은 49 번째 그림자의 포로이다.

재능: 혁명(Revolution)

그림자: 반응(Reaction)

깨어남: 재탄생(Rebirth)

프로그래밍 파트너: 4

~ 리차드 러드

나의 위즈덤 스토리

나는 민감하고 열정적인 이상주의자로 태어났다. 나의 가족은 비교적 진보적인 편이었지만 부모님은 열정적인 사람들은 아니었다. 부모님은 화합을 위해서 무엇이든 무시했는데, 그것이 내 안의 위선탐지기를 작동시켰다. 어머니는 자칭 페미니스트라고 했지만, 여전히 자기를 연약한 존재로 보이게 했고, 아버지는 그런 어머니를 묵인했다. 부모님은 자신들을 오픈 마인드라고 생각했지만, 부모님들이 예상했던 것과 다른 인종이나 민족이나 성별의 사람들을 나의 로맨틱한 동반자들이라고 집에 데려왔을 때, 나는 부모님의 얼굴에서 그 본색을 보았다. 우리의 이웃은 진보적인 정치적 견해를 자랑스러워했다. 하지만 역시 어떤 사람들이 이사오는 것을 교묘하게 방해하고, 전쟁을 합리화하고, '다른 사람들'의 존엄성을 인정하지 않았다.

나를 가장 화나게 한 것은 그 타성과 거절이었다. 나의 분노 밑바닥에는 상처가 있었다. 어떻게 저들은 내가 보았던 것을 보지 못할까? 혹은 내가 느꼈던 것을 느낄 수 없을까? 내가 부모님에게 따졌을 때, 부모님은 자신들의 편견을 인정하지 않았고, 우리는 심하게 싸웠다.

나는 대학에 갔다. 억압받고 있는 수많은 사람들이 처한 곤경에 대해 배웠을 때 가슴이 찢어지고 머리가 혼란스러웠다. 어떤 시스템적인 소외나 제도적인 압박 같은 것을 목격하면 속이 부글부글 끓었다. 여러 해 동안 나는 오직 같은 생각을 가진 활동가들하고만 어울리며 나의 부모님이 (그리고 대다수의 사람들이) 알아듣지 못하는 것'에 대해 비판했다.

평화를 위해 확고하게 싸우면 싸울수록 내 개인적인 삶은 갈등으로 가득 찼다. 만약 나의 로맨틱한 동반자들에게서 인종차별적인 피가 한방울이라도 발견되면 나는 그들을 떠났다. 가장 친한 친구가 나를 '자기가 여태껏 만난 사람 중에 가장 수구보수적인 사람'이라고 하면서 결별했을 때 비로소 나는 깨어 났다. 그 친구를 잃은 것은 절망적 충격이었지만, 또한 선물이기도 했다. 지금껏 내내 세상을 좋은 사람들과 무식한 사람들로 나누고, 좌우로 편을 가르고, 사람들을 거절할 때, 사실 나는 거부당하는 것을 피하기 위해 처절하게 애쓰고 있었던 것이다. 거절에 대한 나 자신의 두려움이 나로 하여금 세계관이 나와 다르다는 이유로 그토록 많은 사람들을 따돌리게 했던 것이다. 겹겹이 쌓인 굴욕과 죄책감과 후회를 뚫고 나아가기까지는 시간이 걸렸다. 내가 나를 용서할 수 있었을 때 비로소 나는 나의 인간관계를 회복하기 시작했다.

마침내 나는 가슴깊이 이해했다, 세상을 흑과 백, 우리와 그들로 분리하려는 우리 인간의 성향이 얼마나 뿌리 깊은 지를. 이 깨달음이, 내 안에 있다고는 한번도 생각하지 않았던 창조력을 내게서 풀어 주었다. 이제 낡은 세상을 거부하는 대신 나는 나의 모든 사랑과 에너지를 함께 새로운 세상을 계획하고 함께 만들어 가는 것에 쏟아 붓는다. 평화를 위한 운동에 나는 즐겁고 평화롭게 다가간다.

당신에게 주는 선물

평화적인 '혁명'에 오신 것을 환영한다. 자신의 공동체에 안정을 가져다 주기를 원한다면, 먼저 자기자신에게 인내심을 보이고, 부드러워지고,

자비로워져라. 자신의 감정에게 시간과 공간과 많은 창조적인 배출구를 주어라. 그것들을 판단하지 말라. 판단할 때, 감정과 그것을 밖으로 표출하려는 충동을 더 강화시키는 내적인 압력을 만들어 내게 된다. 자신을 거부하는 것은, 객관적으로 보는 것, 가슴을 부드럽게 여는 것, 타인을 이해하는 것, 혁명의 가능성을 알아보는 것을 더 어렵게 만들 뿐이다. 당신이 반항해야 한다면, 공격하려는 - 다른 사람을 - 자신의 내적충동에 반항하라. 자기의 감정에 따라 반응하려는 충동에 저항할 때, 혹은 자신에게 맹렬해질 때, 당신은 세상에서 폭력을 끝내기 위해 당신이 해야 할 역할을 하고 있는 것이다.

명상할 질문

- 당신은 생동감, 깊이, 솔직함보다 안정을 우선시하는가?

- 당신은 종종 사람들이 너무 가까이 다가오기 전에 그들을 밀어내는가?

- 사람들이 당신을 거절하기 전에 당신이 먼저 거절하는가?

- 다음 번에 당신이 감정적인 자극을 받고, 반응하고 싶거나, 누군가를 한 대 치고 싶거나, 거부하고 싶은 느낌이 들 때, 자신에게 물어보라. '거절당했다고 느끼고 있나?', '거절당할까봐 두려워하고 있나?'

- 당신이 오늘 할 수 있는 가장 좋아하는 '혁명적인' 행동은 무엇인가?

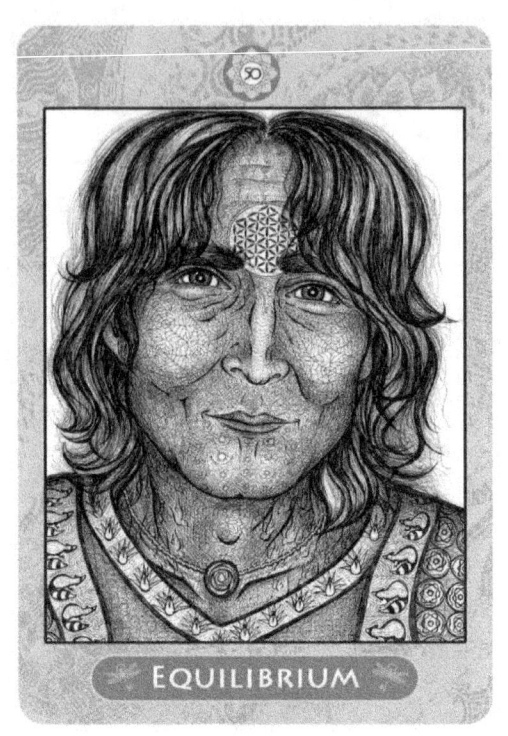

[50] 균형, 평정(Equilibrium)

균형은 잃어버릴 수 있지만 조화는 지속적이며 영원하다.

재능: 균형, (마음의)평정(Equilibrium)

그림자: (도덕적)부패, 비리(Corruption)

깨어남: 조화(Harmony)

프로그래밍 파트너: 3

~ 리차드 러드

나의 위즈덤 스토리

아버지는 음악가가 되고 싶었고, 어머니는 선생님이 되고 싶었지만, 두 분 다 교육을 받을 처지가 못되었다. 부모님은 공장에서 적은 임금을 받으며, 권력에 굶주린 채 생산량을 맞추는 것에만 급급한 상사들 밑에서 일하며 평생을 보냈다. 부모님은 과도한 책임에 짓눌려서 고통과 수치심과 꿈들을 던져버렸다.

나는 부모님의 상사들에게, 경영주들에게, 그리고 모든 계층구조들에 화가 났다. 그래서 나는 반항을 했고, 부모님은 학교에서 내가 돌발적으로 분노를 폭발하는 것을 걱정했다. 부모님은 나의 분노가 언젠간 나의 생계유지를 방해할 것이라고 불안해 했다. 그래서 교장선생님이 정신질환이라고 부르는 것으로부터 나를 치료하기 위해서 부모님은 소액이지만 저축해 두었던 돈을 다 썼다. 그러나 나는 내가 아프지 않다는 것을 알고 있었다. 사회가 아픈 것이었다.

충분한 나이가 되자, 곧 나는 아버지의 기타와 철학책 한 권을 들고, 히치하이크를 하면서 유럽을 가로지르는 여행을 떠났다. 가는 곳마다 부패를 보았다. 부유한 사람들이 세상을 지배했고, 부자나라들은 가난한 나라를 착취했고, 아무도 그들의 파괴적이고 비인간적인 영향에 대한 책임을 지지 않았다. 대부분이 혼란으로부터 세상을 구한다고 믿었다. 나는 분노를 억제하지 못하고, 공공시설을 부수고 버려진 건물 안에 웅크리고 있었다. 경찰이 도착했을 때 나는 강제로 끌려나가 감옥으로 던져졌다. 부모님께 감옥에서 꺼내달라고 부탁드리기가 너무 부끄러워서 나는 끝까지 감옥에 있었다. 감옥에 있으면서 나는 내가 얼마나 무책임했었는 지를 깨닫게 되었다. 바로 그 자본주의자들과 똑같이, 나도 파괴적인 나의 행동들에 대해 책임을 지지 않고 있었다. 세상의 계층구조를 먹여 살리는 이기주의적 세계관이 내 안에 살고 있었다.

나는 더없이 솔직해졌고, 나의 수치스러움과 공포를 마주했고, 부모님의 고통을 내가 얼마나 많이 내 안에 가지고 있었는지를 이해하게 되었다. 나의 가슴이 깨져서 열리자, 나의 마음은 나의 부모님과 같은 사람들의 자기실현의 욕구를 존중해주고 키워주는 새로운 세상을 꿈꾸기 시작했다. 감옥을 나오자마자, 나는 완전히 새로운 방식으로 부모님을 알아보기로 결심했다. 우리는 함께 음악을 연주하기도 했다. 그 때 나는 스스로를 조직하는 새로운 방식을 보여주는 공동체들을 - 심지어 나라들을 - 추구하기 시작했다.

내가 첫번째로 주목했던 것은 사람들이 각자 서로에게, 그리고 자신에게 얼마나 정직한가였다. 나는 사람들의 이루어지지 못한 꿈을 찾아내고, 자신들의 재능을 존중하며 창조적인 위험을 감내하라고 고무시키는 특별한 요령을 발달시켰다. 이상하게도 나는 어떤 그룹에서 마법적인 영향을 주는 경향이 있다. 물건들이 종종 제자리에 딱 맞아 떨어진다. 이유는 잘 모르지만.

당신에게 주는 선물

나는 평화와 조화, 그리고 협력이 널리 퍼져 있는 새로운 세상의 비전을 당신에게 가져온다. 당신에게서 나는 내면적 평화의 가능성과 당신이 속한 그룹에 평정과 균형을 가져다 주는 재능을 본다. 이들 재능들에 점화를 하기 위해서, 당신은 먼저 당신의 숨겨진 모든 안건들을 기꺼이 테이블 위에

올려놓아야 한다. 당신의 감추어진 동기들에 책임감을 가지고 책임을 져라. 그러면, 당신에게 자기신뢰가 자라나게 될 것이다. 자기신뢰와 함께 당신은 사람들이 그들 자신의 그림자를 직면하고 포용하는 데 필요한 안전한 공간을 창조할 수 있다. 이것이 진정으로 평화로운 세상을 함께 만드는 법이다. 사람들이 그들 자신이 되도록 힘을 부여하고 영원히 진화하는 전체에 열정적으로 기여하도록 용기를 줄 때, 자연스럽게 자기조직적인 지능이 생겨난다. 즐거워야 함을 명심하라. 우리가 그것을 즐길 수 없다면 새로운 세상의 의미가 무엇이겠는가?

명상할 질문

- 당신은 '시스템'속에서 꼼짝 못한 채 일하고 있는가? 혹은 시스템에 저항하는가?

- 당신의 사회적 책임감이 창조력의 길을 가로막고 있는가?

- 당신은 권력에 의해 여전히 눈을 감고 있는가? 아니면 부패에 연류되어 있는가?

- 당신이 특별히 창조적이었거나, 재미있었거나, 자유로움을 느꼈던 때를 생각해 보라. 당신은 어디에 있었는가? 무엇을 하고 있었는가? 누구와 있었는가?

- 조화의 경험과 연결되기 위해 당신이 할 수 있는 것은 무엇인가?

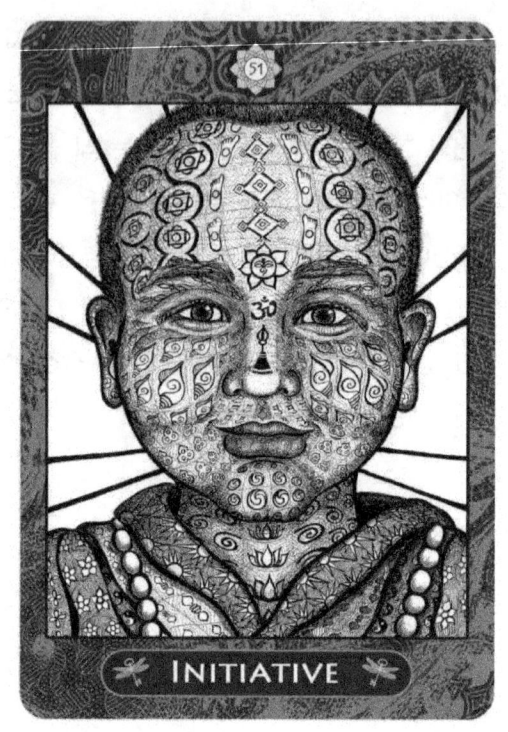

[51] 주도권(Initiative)

창조적인 주도권은 모든 인간의 영혼의 길이다. 우리 모두는 인생의 어느 시점에서 군중을 떠나 우리 가슴의 미지의 황야로 떠나야 한다.

재능: 주도권(Initiative)

그림자: 불안(Agitation)

깨어남: 깨어남(Awakening)

프로그래밍 파트너: 57

~ 리차드 러드

나의 위즈덤 스토리

내가 아기였을 때, 몇 명의 승려가 우리 집에 찾아왔다. 여러가지 테스트를 한 후에, 나는 영적 스승의 육화로 인정받았다. 나의 부모님은 종교적인 사람들이 아니었다. 부모님은 충격을 받았지만 나를 위해 싸우기엔 너무나 종속적이고 용기가 없었다. 어머니에게서 떨어지지 않으려고 발버둥치던 것을 나는 잊지 못할 것이다.

1년 동안 나는 나를 맡은 선생님에게 사랑과 관심을 듬뿍 받았다. 나는 그 선생님을 너무나 사랑했다. 선생님은 항상 나에게 부모님의 사진을 보여주며 부모님과 내가 떨어져 있는 게 아님을 상기시켜 주었다. 그런데 어느 날 우리 수도원이 우리 민족을 싫어하는 적대적인 군인들에게 잔인하게 공격을 당했다. 사랑하는 선생님이 살해되었다.

무슨 일이 일어났는지 알기도 전에 다른 스님이 나를 받아 품에 안았다. 우리는 산을 빠져 나와 다른 수도원에 도착했다. 그곳에서 잘 보살펴주었지만, 나는 안절부절하며 극도로 불안해 했다. 나는 공부에 집중하기가 어려웠다. 누군가를 신뢰하기가 힘들었다. 내 이성과 마음은 내가 안전하다는 것을 이해했지만 내 몸은 그렇지 못했다. 몸은 항상 긴장해 있으며, 불안감을 떨치려고 필사적이었다.

폭력적인 행동은 할 수 없었기에 마음으로 생각만 했다. 나는 수도원에서 나의 계급을 올리는 것에 집착하며, 그렇게 일찍 선택을 받았다는 것은 내가 특별하기 때문이라고 끊임없이 나 자신을 상기시켰다. 나는 내 동료들 중에서 가장 먼저 깨닫기로 결심했다. 동료들에게 나는 두려움이 없고 규율이 바르고 조숙하게 보였다. 그러나 마음 깊은 곳에서 나는 정신적 충격을 받고 있었다.

고맙게도, 새로 오신 나의 선생님은 내 안에 있는 공포를 보았고, 내가 경험했던 충격을 이해했다. 그는 또한 충격이 내 최고의 스승 중 하나가 될 거라는 것을 알고 있었다. 어느 날 충격의 도움으로 자아의 거짓된 안정을 버리고, 죽음의 확실성을 받아들이며, 하나임을 깨닫게 될 것이었다. 그러나 그 현명한 선생님은 내가 이것을 이해하기에는 아직 너무 어리다는 것도 잘 알고 있었다. 강의 대신에, 선생님은 나에게 그림붓과 캔버스 그리고 내가 원하는 것을 할 수 있는 자유를 주셨다.

스승님의 가르침은 단순했다: "너의 가슴을 따르라." 첫 번째 붓질은 절벽에서 뛰어 내리는 것처럼 느껴졌다. 그러나 곧 나는 이전에 보던 것과는 다른 색상과 기호로 캔버스를 채우고 있었다. 내 몸이 편안해졌고, 친구를 사귀었으며, 경쟁하는 것에 관심을 잃었다. 처음에 나는 예술을 통해 새로운 것을 창조하고 있다고 믿었다. 그러나 이제 나는 단지 영원한 진리를 다시 발견해서 되돌아가고 있을 뿐임을 안다. 새로운 뭔가를 캔버스에 가져올 필요가 없다. 단지 캔버스 자체의 베일을 벗기기만 하면 된다.

당신에게 주는 선물

나는 당신을 인도하려고 여기 있는 것이 아니다. 나는 당신을 입문시키기 위해 여기에 있다. 이제 익숙한 길에서 내릴 시간이다. 당신이 배운 모든 것을 놓아주고 완전히 새로운 존재 방식을 받아들일 때이다. 다른 사람의 어깨를 의존하고 있을지라도 결국은 당신 혼자 뛰어내려야 한다. 안전망은 없다. 두려움을 피할 길은 없다. 두려움을 초월하고 싶다면, 그 두려움 속을 뚫고 가라. 당신을 어디로 데려가든 당신의 창조적인 충동들을 존중해라. 당신의 경외로 가득찬 마음이 당신을 다시 당신의 가슴으로 이끌 수 있게 하라. 당신이 당신 내면의 사랑을 신뢰할 때 행운은 반드시 찾아온다. 만약 경쟁할 필요가 있다면, 다른 사람과 경쟁하지 마라. 경쟁적인 충동을 자신의 창의력에 집중하라. 그러면 당신은 경쟁 대신 사람들과 협동을 통해 깊은 성취감을 발견할 것이다.

명상할 질문

- 당신의 두려움이 당신을 불안하게 하거나, 절망스럽게 하거나, 혹은 입을 닫아버리게 하는가?

- 당신은 삶을 회피하고 있는가? 아니면 위험한 행동에 관여하는가?

- 당신의 경쟁적인 충동이 당신의 인간관계에 방해가 되는가?

- 사람들 속에서 항상 적개심을 끌어내는가? 그리고 그 이유를 모르는가?

- 당신이 두려움에 직면하여 돌파를 경험했던 때를 생각해 보라. 당신은 무엇을 두려워 했나? 누가, 그리고 무엇이 당신에게 용기를 주었는가?

- 당신의 삶에서 지금 이 시기에 당신은 어떤 도약을 하라고 요청받고 있는가? 미지의 것을 탐험하는 창의적인 방법을 찾아 보라.

[52] 자제력(Restraint)

당신의 의도가 이기적이지 않으면 않을수록 더욱 더 힘을 가지게 될 것이다.

재능: 자제력, 절도(Restraint)

그림자: 스트레스(Stress)

깨어남: 고요, 평온(Stillness)

프로그래밍 파트너: 58

~ 리차드 러드

나의 위즈덤 스토리

    어린 농장소년이였을 때, 나는 좀 더 커다란 인생을 꿈꾸었다. 나는 독서광이었고, 오래지 않아 드디어 나는 내 글을 쓰기 시작했다. 어떤 뜻밖의 행운으로 20대 초반에 나는 빠르게 전개되는 창작역사소설을 써서, 대형 출판사의 눈에 띄어 베스트셀러에 올랐다. 나의 첫번째 저작료를 받자마자 나는 큰 도시로 이사했고, 최고 인기작가들로 가득한 작업실의 최신작가로 초대되었다. 그 분주한 공간에서 나는 나의 두번째 소설을 썼다.

    실망스럽게도 그것은 실패작이었다. 팬들은 불평을 했고, 책이 나오자 마자 바로 친한 비평가가 신랄한 리뷰를 썼다. 그리고 출판사는 내가 또다른 흥행을 보장하지 않는다면 다음 번 계약을 취소하겠다고 위협했다. 다음 프로젝트에 직면했을 때, 나는 공포로 무기력해졌다. 나의 최신 작업실이 갑자기 혼란스럽고 시끄러운 곳으로 느껴졌다.

    스트레스로 지쳐 무기력한 상태로, 나는 빈 화면만 몇 시간씩 빤히 쳐다보고 있었다. 생각은 엄청난 자기회의 속에서 허우적대고 아무런 영감도 떠오르지 않았다. 나는 절박해져서 베스트셀러 작가들의 글쓰기 방법에 관한 책들을 읽기 시작했다. 그것을 따라해보았지만, 여전히 아무것도 쓸 수 없었다. 불안해서 나는 어디서든 가만히 앉아있지 못했다. 결국 나는 내 책상과 건물과 계약을 걷어차 버렸다. 그리고 첫 비행기를 타고 작은 섬으로 갔다. 그곳에서 작은 집을 빌려 수 개월 동안 피로와 우울감에 젖어 지냈다.

어느 순간부턴가, 나는 정원일을 시작했다. 몇 주 동안 나는 손으로 흙을 만졌다. 어떻게 하면 식물을 잘 키울까 하는 생각뿐이었다. 내 몸과 영혼은 느리게 흘러가는 삶에 적응되어 갔다. 나는 정원가꾸기 기술들이 식물의 성장을 향상시켜주기는 하지만, 대부분은 식물자신이 자라는 법을 완벽히 아주 잘 알고 있다는 것을 배웠다. 식물들은 그들만의 시간을 가지고 있었다. 나는 또한, 내가 기분이 좋을 때 씨앗을 심으면 식물들이 더 잘 자란다는 것도 알게 되었다.

이런 작은 깨달음들이 철학자 - 그리고 작가로서의 - 나를 다시 깨웠다. 이 시기에, 나는 시를 쓰는 것에 고취되어 있었다. 단어들이 한송이 꽃처럼 느껴졌다. 대도시로 돌아가서 엉망진창이었던 나의 삶을 정리할 수 있을 만큼 충분히 강해졌다고 느꼈을 때, 나는 대도시에서 느꼈던 스트레스가 단지 나만의 것이 아니었음을 깨달았다. 그것은 어디에나 있으며 누구에게나 있는 것이었다. 나의 가슴은 인류애로 나아갔고, 나는 우리 모두가 받고 있는 스트레스의 영향을 보여주는 것이 나의 두번째 책이 되리라는 것을 알았다. 나의 글쓰기는 이 행성에 대한 봉사가 될 것이다. 이번에는 적절한 말들과 내가 필요로 하는 모든 영감들이 바로 제시간에 올 거라는 것을 나는 믿었다.

당신에게 주는 선물

나는 당신을 스트레스로부터 풀어주려 왔다. 그리고 당신을 포함한 자연의 모든 것은 자신의 타이밍과 성장패턴을 가지고 있다는 것을 일깨워 주기 위해 왔다. 당신의 의도는 씨앗과도 같다. 만약 당신이 두려움에서 무언가를 시작한다면, 두려움의 씨앗이 일 전체에 퍼질 것이다. 그러므로 당신의 꿈들이 자라나고 번성하길 원한다면, 분명한 의도를 지니고 거기에 선한 의지를 불어넣고, 어떻게 언제 피어날지는 당신의 꿈들이 더 잘 알고 있음을 믿어라. 자제력과 친구가 될 시간이다. 인내를 실천하라. 간섭하지 않는 방법을 배워라. 당신의 삶과 꿈들을 너무 밀어붙이며 재촉하지 말고 그냥 펼쳐지게 내버려두라. 그리고 기억하라, 대개, 성장과 변화는 땅 밑에서 이루어지고, 가장 커다란 씨앗들은 싹을 틔울 때까지 아주 긴 시간이 필요하다는 것을.

명상할 질문

- 당신은 어디에서 가장 불안함과 조급함을 느끼는가?
- 가장 막힌 것 같은 느낌을 받는 곳은 어디인가?
- 당신은 어떤 식으로 스트레스를 경험하는가?
- 당신의 몸이 현재 탈진신호를 보이고 있는가?
- 당신이 '자제력을 발휘하고, 보답을 받은 시간을 생각해 보라.
- 현재의 계획에 반영하라. 거기에 선한 의도와 사랑의 의도를 어떻게 다시 불어 넣을 수 있을까?
- 오늘 당신이 고요와 다시 연결될 수 있는 간단한 방법은 무엇인가?

[53] 확장(Expansion)

진정한 성장은 안전지대 너머로 확장하는 것이다. 그것은 계속 마지막 단계를 넘어서고 있다.

재능: 확장(Expansion)

그림자: 미성숙(Immaturity)

깨어남: 매우 풍부함(Superabundance)

프로그래밍 파트너: 54

~ 리차드 러드

나의 위즈덤 스토리

  우리 민족에게는 항상 균형과 단순함이 있었다. 자연은 우리에게 필요한 것을 제공하고, 우리는 필요 이상을 취하지 않았다. 우리는 각자 자신의 역할을 가지고 지역사회에 기여했다. 우리는 모두 번영하고 있었다.

  현대화 시기 동안, 우리 가족은 현대 생활에 참여하기 위해 북극의 한 마을로 이사를 했다. 남편은 새로운 문화의 언어와 방식들을 배우려고 애썼다. 남편은 일자리를 찾지 못했다. 나는 언어에 재능이 있었고 가능한 교육 프로그램들을 이용했다. 곧 나는 옷가게에서 일을 하며 우리 가족의 생계를 책임지는 가장이 되었다.

  남편은 깊은 우울증에 빠졌다. 알코올은 남편을 엄숙하고 통제적이며 폭력적으로 만들었다. 남편은 내가 새로운 것을 시도하지 못하도록 했고, 가장이라는 자신의 정당한 지위를 내가 빼앗아 갔다고 비난했다. 나는 무서웠고 결혼이라는 덫에 갇힌 것처럼 느껴졌다. 자유롭고자 하는 충동으로 나는 변화를 향해 달렸다. 처음에는 불안정하게 기회에서 기회로 뛰어다니며 자주 공을 떨어뜨렸다.

  그러다가 나는 머리를 굴려 우리 민족의 전통적인 직조기술에 새로 훈련받은 기술을 결합해 나 자신의 의류 사업을 시작했다. 현대사회를 공부하면서 나의 마케팅은 향상되었고 사업은 성장했다. 곧 나는 독립하기로 결심하고 남편을 떠났다. 나는 부유한 현대인들이 우리 민족과 우리의 영적인 전통과 환생에 대한 믿음에 매혹되어 있는 것에 대한 책을 읽었다. 나는 부유한 구도자들을 위해 최고급의 종교적인 망토들을 만들었다. 이누이트 샤먼의 축복을 받은 이 망토들은 명상과 장례식에서 영혼이 더 나은 곳으로 수월하게 환생하도록 해주는데 사용되었다.

시장에서 망토가 히트를 쳤다. 나의 야망은 은행 계좌에 돈이 쌓이고, 스트레스 수준이 올라가고, 내 삶이 복잡해지는 것과 함께 커져 갔다. 나는 생산 라인을 넓히고 대량 생산과 인공적인 재료들을 사용하기 시작했다. 나는 내가 어떻게 신성한 전통을 오용하고 있는지, 그리고 어떻게 현대인들의 죽음과 영혼에 대한 두려움을 이용하고 있는지, 보기를 거부했다.

그러다가 나는 중국에 있는 우리 공장 중 한 곳을 방문해서 우리 근로자들이 얼마나 형편없이 대우받고 있는지, 그리고 우리 공장에서 얼마나 많은 쓰레기를 생산하는지 알게 되었다. 나는 내가 나의 뿌리에서 얼마나 멀리 떨어져 있는지를 보고 충격을 받았다. 나는 외롭고 탐욕스럽고 미성숙한 사람이 되어 있었다. 그래서 나는 사업체를 팔았다. 그리고 박탈당한 원주민들을 지원하며 영혼이 실종된 세상에 진정한 지혜를 통합해 우리의 고향인 지구의 건강을 회복하는데 돈과 시간을 기부했다. 내 일은 여전히 확장되고 있지만, 내 삶은 단순하고 조화롭다. 마침내 나는 진정한 번영이 무엇인지 알게 되었다.

당신에게 주는 선물

나는 확장의 선물을 가지고 온다. 당신의 삶에는 벗어나야 할 무언가가 있다. 이제 안전지대를 넘어 움직일 시간이다. 만약 당신이 어떤 의견이나 정체성,

비전이나 세계관을 단단히 고수하고 있다면, 이제 놓아줄 시간이다. 만약 당신이 당신의 과거나, 혹은 삶의 어떤 부분을 도움이 되지 않는다고 거부하고 있다면, 그것들을 받아들여야 할 시간이다. 당신의 지성을 굴복시켜라. 그리고 모든 것이 더 간단하고 효율적이 되는 것을 지켜보라. 마음은 어떻게 항상 모든 것이 사라지고 다시 시작하는지 이해하는데 어려움을 겪는다. 하지만 사실은 항상 통합이 일어나 당신은 영원히 전체가 되고 있는 중이다. 결국 중요한 것은 가슴을 통한 확장이다.

명상할 질문

- 가끔 슬픔을 가누지 못하는 느낌인가?

- 당신은 세상과 새로운 경험으로부터 스스로 담을 쌓고 있는가?

- 일을 시작하고 완성하지 못하는 경우가 자주 있는가?

- 당신의 삶에서 벗어나야 할 부분이 있는가? 놓아주기가 두려운가?

- 삶의 균형을 잃고 너무 빨리 성장하고 있는가?

- 확장하는 것이 두렵지 않다면, 어느쪽으로 확장하고 싶은가?

[54] 영적인 열망(Aspiration)

탐욕은 자신이 원하는 것을 얻기 위해 순식간에 자신의 인격을 타협해 버리는 에너지이다. 그리고 이것이 그 몰락이다.

재능: 영적인 열망(Aspiration)

그림자: 욕심, 탐욕(Greed)

깨어남: 승천, 상승(Ascension)

프로그래밍 파트너: 53

~ 리차드 러드

54

나의 위즈덤 스토리

나는 카리스마가 있는 스승의 아쉬람에서 자랐다. 물질적으로 아무 야망이 없는 부모를 본받아 나는 헌신자가 되었다. 어린 나이에, 나는 명상과 기도에 능숙했으며, 평화의 달콤한 향기를 알았다.

우리의 스승은 관대함을 가르치며 모든 소유물을 거부했다. 스승님은 기적을 행하는 것과 위대한 겸손으로 유명했다. 한번은 내가 아쉬람에서 길을 잃어 우연히 스승님의 사적인 거처들 중 한 방을 지나갔다. 문이 조금 열려 있어서 나는 살짝 안을 들여다 보았다. 그 때 나는 세상에서 가장 부유하고 가장 부패한 사람들과 어울리고 있는 스승의 모습과 산더미 같은 재물과 그림들을 보고 충격을 받았다. 누가 나를 보기 전에, 나는 곧장 부모님께 달려가서 내가 본 것을 말했다. 부모님은 나를 믿지 않았다. 설령 그것이 사실이라 하더라도, 부모님은 스승님에게 신성한 이유가 있을거라고 확신했다.

그 다음 몇 년 동안, 부모님은 계속해서 당신들의 봉급과 재물을 스승님에게 바쳤고, 스승님은 욕심을 숨긴 채 계속해서 선물을 받았다. 마침내 나는 감히 스승님에게 맞섰다. 스승님은 내가 거짓말을 하고 죄를 지었다고 비난했다. 우리 부모님은 너무나 겁에 질리고 혼란스러워서 내 편에 서 줄 수가 없었다.

그래서 나는 아쉬람과 스승이 말하는 모든 것으로부터 도망쳤다. 내가 원한 것은 오직 깨달음이었다. 나는 물질적인 것은 모두 거부하고 완전히 금욕적인 생활을 했다. 여러 해 동안 나는 나무 밑에서 살았고, 그후 오랫동안

방랑생활을 하며 완전한 침묵을 지켰다. 사람들은 나를 성자로 보기 시작했다. 나는 가능한 한 오랫동안 사람들의 그러한 투사에 저항했지만, 봉사하고픈 나의 갈망이 너무 커져 더 이상 그것을 무시할 수 없었다.

나는 카스트나 종교에 상관없이 사랑, 용서, 봉사, 자선, 만족, 내적 평화, 헌신, 그리고 모든 사람들을 존중할 것을 가르치기 시작했다. 나는 나의 추종자들에게 일상적인 가정 생활을 하고 나에게 그들의 재물을 가져올 필요가 없다고 말했다. 그런데 그때 우리나라에 엄청난 지진이 발생했다. 수천 명이 집을 잃고 노숙자가 되었다. 나는 나의 추종자들에게 한번만 부탁하면 이 모든 사람들을 구할 수 있을 만큼 충분한 돈을 모을 수 있을 거라는 걸 깨달았다.

그 순간, 나는 욕심에 대한 나의 두려움이 얼마나 심각하게 나의 봉사 능력을 감소시켰는지 알았다. 과거의 상처를 치유하기 위해서 나는 내 자신을 신뢰하는 법을, 내 두 손은 이 세상을 위한 손에 불과하다는 것을, 가장 깊은 수준에서 이해하는 법을 배워야 했다. 이제 나는 재단을 만들어 자원을 끊임없이 모으고 다시 나눠주고 있다. 음식과 돈과 사랑이 나의 삶과 집과 공동체를 통해 자유롭게 흘러간다. 나는 붙잡고 있는 것도 없지만, 더 이상 밀어내는 것도 없다.

당신에게 주는 선물

나는 열망의 선물을 가지고 온다. 당신이 어떻게 두려움, 경쟁, 그리고 자신을 위해 봉사하고자 하는 욕망에 의해 계속 움직이고 있는지를 오랫동안, 그리고 열심히 지켜보라. 당신이 사람들에게 봉사하는 법과, 더 건강하고, 더 지속 가능한 세상을 만들기 위해 힘들을 합치는 법에 대해 생각하기 시작하는 때가 될 때 나는 찾아온다. 당신 내면의 로빈훗을 불러 내라. 다시 돌려주기 시작하라. 전체적으로 생각하라. 우리 행성의 자원을 더 공정하게 다시 분배할 수 있는 창의적인 방법들을 찾아보라. 만약 돈이 없다면, 시간을, 에너지를, 지혜를 그리고 사랑을 기부하라. 명심하라, 만약 당신이 소유하고 있는 것을 계속 붙들고 있었다면, 지금이 그것을 놓아줄 적당한 시간이라는 것을. 만약 당신이 사람들의 관대함에 저항해온 사람이라면, 지금이 바로 그들이 주는 것을 받을 적절한 시간이다. 계속 흐름을 유지하면 모든 것이 번영할 것이다.

명상할 질문

- 당신의 인생은 어디로 흘러가고 있는가? 어디에서 붙잡아 두고 있는가?

- 당신의 인격을 당신의 야망으로 타협하고 있는가?

- 소유하고 축적하려는 욕구가 당신의 삶을 빼앗고 있는가?

- 환멸 때문에 당신은 야망을 포기하고 있는가?

- 물질주의에 대한 저항이 당신이 받는 것을 막고 있는가?

- 어떻게 하면 받는 것에 대해 좀 더 가슴을 열 수 있을까?

- 가지고 있는 것을 조사해 보라. 과도한 곳은 어디인가? 오늘 나누어 주거나 재분배할 수 있는 3가지를 찾아보라.

[55] 자유(Freedom)

해방은 항상 우리가 모든 것을 가지고도 구원의 희망을 포기한 바로 그 마지막 순간에 온다.

재능: 자유(Freedom)

그림자: 희생당함, 희생자(Victimization)

깨어남: 자유(Freedom)

프로그래밍 파트너: 59

~ 리차드 러드

나의 위즈덤 스토리

　내가 기억할 수 있는 가장 어린시절부터 나는 침울했다. 나는 나의 기분을 설명할 수 있는 외적인 이유들을 끊임없이 찾아다니며, 내 고통에 대한 나의 책임을 피하거나 비난하면서, 내게 즐거움을 준다고 믿는 사람들과 일들을 쫓아다니느라 젊은 시절을 다 보냈다. 성숙하자 나는 피상적으로 '기분좋게' 해주는 기회들을 갈망하는 대신, 개인적인 자유와 로맨틱한 충족감과 영적인 깨달음을 얻고 싶었다.

　그래서 완벽한 소울메이트와 스승과 고양된 존재상태에 대한 탐구를 시작하였다. 나는 전문적인 구도자, 탄트라의 달인, 워크샵 마니아가 되었다. 나는 수많은 사람들과 수련들과 스승들과 사랑에 빠졌다가 나오기를 수없이 반복했다. 사랑에 빠져 있을 때 나는 자유롭다고 믿었다.

　그러나 실제로는 끝없는 로맨스의 희망과 해방의 꿈과 드라마가 주는 카타르시스에 사로잡히고 중독되어 있었다. 나는 실망에 빠져 있었고, 나의 끝없는 불운에 대해 속으로 큰 불만을 품고 있었다. 그 롤러코스터는 끝이 없었다. 감정이 나를 지배하였다. 비록 나의 문제들을 알고 있고 설명할 수 있다해도, 내가 나의 삶을 책임지지 않고 있다는 사실에 대해서는 여전히 절망적일 만큼 눈뜬 장님이었다. 나는 계속 나의 에너지를 '저기 바깥'에 있는 누군가에게, 혹은 어떤 것에 그저 내주고 있었다. 그들은 나를 구원할 수도, 비참하게 만들 수도 있었다.

결국 그것은 모두 나에 관한 것이었다. '나의' 사랑, '나의' 깨어남, '나의' 행복, '나의' 실망. 내 스스로를 희생자로 만드는 것의 핵심을 보았던 한 여자를 만나고 나서야 비로서 나의 가슴이 열리기 시작했다. 나는 더 이상 그녀로부터, 혹은 나 자신으로부터 도망칠 수 없었다.

우리의 친밀한 관계를 통해서 나는 나의 가장 깊은 두려움과 가장 깊이 숨어있는 의도들과 마주하는 법을 배웠다. 삶에서 처음으로 나는 사랑에 빠지는 대신, 사랑 속으로 솟아올랐다. 단지 그녀하고만 그런 것이 아니라 삶의 모든 것과. 나는 사람들을 비난하고 불평하던 것을 멈췄다. 더 이상 복잡한 이야기들과 파괴적인 드라마들에 짓눌리지 않게 되자, 나는 자유로워져서 훨씬 더 깊이 완전히 느낄 수 있었고, 어림짐작으로 고민하지 않고 자유로이 결정을 내릴 수 있었다. 더 이상 스승이나 테크닉에 집착하지 않았고, 항상 꿈꾸던 일종의 동시성들을 체험하기 시작했다. 그냥 자연스럽게 내가 좋아하는 것들을 더 많이 했다. 노래를 만들고, 친구들을 즐기고, 자연에서 시간을 보냈다.

이제 사람들은 내 주위에서 휴식한다. 그들은 자기 자신으로 존재하는 자유를 느낀다. 이제 나는 내 영혼 깊은 곳에서 내가 삶의 모든 것들과 연결되어 있음을 안다.

당신에게 주는 선물

나는 당신이 찾고 있는 자유는, 당신이 하는 일, 당신이 이해하고 있는 것, 당신이 느끼는 것과는 아무 상관이 없다는 것을 말해주기 위해 왔다. 그것은 당신 안에서, 혹은 당신 주위에서 벌어지고 있는 일과 상관없이 당신이 그것을 받아들이는 태도와 관련이 있다. 당신은 자신을 안전하게 지켜주는 조직과 시스템과 외적인 길들에 지나치게 의존하지 않고 자신의 삶을 살 수 있는가? 마음의 이야기나 드라마 속에서 헤매지 않고 자신이 느끼고 있는 것을 온전히 느낄 수 있는가? 충족시키려고 달려들거나 도망가지 않고 갈망을 경험할 수 있는가? 고통스러운 순간에도 평화를 발견할 수 있는가? 알지 못하는 것을 기꺼이 받아들일 수 있는가? 그냥 단순히 존재할 수 있는가? 다른 사람이 당신의 삶을 책임져 줄 거라는 생각이나 자신이 삶에서 분리되어 있다는 생각을 버리는 순간 자유는 당신의 것이다. 투명함과 근본적인 자기 수용을 실천하라. 그때 당신은 자신의 장엄함을 발견하게 될 것이다.

명상할 질문

- 당신의 최악의 적은 어디에 있는가?

- 당신이 가장 불평하거나 비난하는 것은 무엇이고 누구인가?

- 당신이 자신을 가장 희생시키고 있다고 느끼는 곳은 어디인가? 정직해져라

- 당신이 의존하거나 그 뒤로 숨는다고 생각하는 시스템이나 조직은 무엇인가? 그것들을 놓아버리면 무슨 일이 생길까?

- 자신의 삶에서 자유를 느꼈던 시간, 힘을 가졌다고 느꼈던 시간을 생각해 보라. 당신은 그때의 자신의 전반적인 태도를 어떻게 묘사할 것인가?

- 불평하거나 비난하지 않고 하루를 지내보라. 무슨 일이 일어나는지 보라.

[56] 풍부함, 윤택함(Enrichment)

진정한 즐거움은 바깥이 아니라 자기 내면에 뿌리를 내리고 있다.

재능: 풍부함, 윤택함(Enrichment)

그림자: 혼란, 주의산만(Distraction)

깨어남: 도취(Intoxication)

프로그래밍 파트너: 60

~ 리차드 러드

나의 위즈덤 스토리

나는 학교를 싫어하는 창의적인 꼬마였다. 나의 부모님은 계산서들을 지불하고 뉴스를 보느라 너무 바빠서 내가 얼마나 지루하고 덫에 갇힌 느낌인지 (혹은 부모님 자신들이 얼마나 불행한지) 알아차릴 여유가 없었다. 십 대에 들어섰을 때 나는 시무룩한 아이가 되어 있었다. 학교에서 돌아오면 방문을 닫고 몇 시간이나 음악을 들으며 마리화나에 잔뜩 취해 있었다. 나는 산만하거나, 아니면 공상에 빠져 있었다. 부모님과 선생님들을 아무것도 모르는 로봇같다고 비난하며.

14 살로 접어들자 내게 기타가 생겼고, 나는 작곡과 연주에 몰두했다. 우리의 바쁜 세상에서 내가 보고 느꼈던 그 외로움과 공허함에 대한 것을 나는 모두 노래로 만들었다. 드디어 나는 용기를 내어 길거리에서 나의 노래들을 연주했다. 나의 음악은 젊은이들의 마음을 울렸다. 곧 나는 대형 레코드사에 발굴되어 첫 번째 판을 냈다.

젊은 시절, 나는 전국을 돌며 콘서트를 여는 락스타의 삶을 살았다. 마약과 여자들이 넘쳐났다. 나의 연주들은 심오했고, 청중들은 항상 감동을 받았다. 그러나 나는 너무 마약에 취해 있어서 아무것도 느낄 수 없었다. 시간이 흐르고 기분이 좋아지기 위해서는 점점 더 많은 약물이 필요했다. 나는 충분히 취하거나 강한 흥분을 느낄 수가 없었다. 그래서 계속 다음 번의 극도의 쾌감에 집착하면서 결국 과도한 양을 복용하고 거의 죽기 직전에 다다랐다.

병원에서 깨어났을 때, 나는 완전히 혼자였고, 나의 삶이 얼마나 공허하고 엉망진창인지 깨달았다. 안정이라고는 없었다. 사랑도 없었다. 진실된 관계도 없었다. 내가 노래로 만들었던 바쁘고 외로운 사람들과 나도 똑같은 사람이 되어 있었다. 그리고 깨달았다. 만약 내가 진정으로 삶의 윤택함을 발견하고 싶다면 그것은 결코 바깥에서는 올 수가 없다는 것을. 나는 내면으로 들어가야 하고, 느껴야 했다. 그리하여 나는 그렇게 했다. 나는 모든 중독을 딱 끊었다. 한동안 죽음 같은 육체적 금단 현상을 겪었다. 일단 그 금단현상이 지나가자 진짜 도전은, 오랜 세월 동안 내가 그토록 피해왔던 그 모든 감정적 고통을 느끼고 직면하는 것임을 알게 되었다.

진정으로 균형 잡힌 삶을 사는 법을 배우기까지는 긴 시간이 걸렸다. 지금은 노래 한 곡으로도 감동의 눈물을 흘릴 수 있다. 한잔의 와인으로도 충분히 긴장을 풀 수 있다. 그리고 그저 사람들과 어울려 웃으며 음식을 먹고 건배하기를 정말로 좋아한다.

당신에게 주는 선물

나는 단지 즐거움이나 여흥, 오락이 아니라 진정한 부유함을 당신에게 가져다 주러 왔다. 나는 당신이 자신의 삶에서 최대한의 것을 얻기를 바란다. 그리하여 사람들의 삶을 고양시킬 수 있기를 바란다. 그러나 먼저 당신은 진정으로 즐거움의 균형을 잡는 법을 배워야 한다. 그리고 자신으로부터 벗어나게 하고 자신의 진정한 느낌으로부터 멀어지게 하는 모든 것들에 대해 깨어 있어야 한다. 진정으로 자신을 비옥하게 해 주는 것과 자신의 정신을 빨아먹는 것을 분간하는 법을 배워야 할 시간이다. 자신이 어디에서 여전히 오감과 지나친 탐닉과 자아상실의 희생자가 되고 있는지 알아 차려라. 나는 당신이 무엇을 하는지보다 당신이 어디에서 왔는지가 더 관심이 간다. 당신이 두려움에서 왔다면, 당신은 너무 많이 하거나, 너무 적게 하거나, 아니면 잘못된 시간에 할 것이다. 사랑에서 왔다면, 당신에게는 당신을 가이드해 줄 규칙과 의례들이 필요치 않을 것이다. 결국에 당신은 내면으로 관심을 돌려서 감사함을 느낄 것이기 때문이다. 당신의 존재가 세상을 풍부하고 윤택하게 만들 것이다.

명상할 질문

- 무엇에 대해, 혹은 누구에게 당신은 '아니요' 라고 말하지 못하는가?

- 당신이 지나치게 탐닉하는 곳은 어디인가? 어디에서 당신은 자아를 상실하는가?

- 가끔 당신은, 마치 정신이 고갈된 것처럼 시무룩해지거나 마비된 느낌을 갖는가?

- 종종 과도하게 자극을 받는가?

- 요즈음 당신의 가장 강력한 혼란은 무엇인가?

- 당신의 삶을 진정으로 윤택하게 하는 것이나 사람을 생각해 보라.

- 당신이 누군가의 삶을 풍부하게 만들어 준 맨 마지막은 언제인가?

- 좋아하는 혼란을 하나 선택하라. 그것을 하루 동안 포기하라. 무슨 일이 생기는지 보라.

[57] 직관(Intuition)

당신이 직관을 믿거나 직관에 기초하여 결정을 내릴 때마다, 당신은 자신의 전체적인 오라의 주파수를 올리게 된다.

재능: 직관(Intuition)

그림자: 불안(Unease)

깨어남: 명확함(Clarity)

프로그래밍 파트너: 51

~ 리차드 러드

나의 위즈덤 스토리

어머니는 내가 태어나기 전에 세 번이나 유산을 했다. 나를 임신하고 있는 동안 어머니는 불안해 했다. 그리고, 내가 어렸을 때, 어머니는 내가 아프거나 사고를 당할까 봐 끊임없이 걱정하며 우유부단하고 과보호적이었다. 어머니는 목숨이 걸린 것처럼 합리성에 집착했다. 하지만 어머니는 끝없이 찬성과 반대의 생각을 오가면서 마비되어 있었다. 그것들은 또한 아버지 역시 성급하게 만들어 아버지가 충동적으로 행동하게 했고, 그 결과는 대개 아버지가 경제적으로 위험한 결정을 내리는 것으로 이어졌으며, 그것이 또한 어머니를 훨씬 더 불안하게 만들었다.

나는 부모님과 가까웠고, 부모님의 생각과 감정을 마치 내 것인 것처럼 느낄 수 있었다. 성숙해지자, 나는 삶에 대처하는 부모님의 방법이 어떻게 부모님에게 고통과 좌절을 야기시키는지를 보았다. 의사 결정에 있어서, 지나치게 이성적인 것과 충동적인 것은 모두 똑같이 도움이 되지 않는 것 같았다. 부모님의 불안을 해결하기 위해 나는 진실과 지식에 접근할 수 있는 대안적인 방법들을 모색했다.

나는 직관을 공부했다. 초능력에 관한 책을 읽으며, 오라클 카드를 사용하고 영적인 능력을 훈련했다. 그러다가 깊고 넓은 점성술의 세계를 발견했을 때, 불이 켜졌다. 나는 충분히 알지 못해 안달하며 미친듯이 출생 천궁도를 공부했다. 그런 후에야 나는 움직이는 행성들의 영향을 알게 되었고, 내

기도는 응답을 받았다. 마침내 나는 미래를 읽고 사람들이 불안감과 삶의 불확실성에 대처하도록 도울 수 있는 방법을 찾았다.

나는 바로 일을 시작했고, 점성술이 나의 삶이 되었다. 무엇을 하거나 누군가를 안내하기 위해서, 나는 별들의 축복이 필요했다. 나는 나의 성공이 가져다 준 돈과 지위, 안정에 집착하게 되었고, 시간이 지나면서 점점 편집증적이 되어 나의 직관과의 연결이 끊어졌다.

점성술의 이야기만 믿고 사랑하는 어머니의 건강에 대한 나의 직감을 무시하다가 어머니가 병에 걸렸을 때, 나는 수치심과 죄책감에 휩싸였다. 내가 어떻게 내 자신의 내적인 앎으로부터 그렇게 멀리 떠내려갈 수 있었을까? 그 때 그것이 내 머리 속에 떠오른 생각이었다. 인생은 불확실했다. 내가 아무리 재주가 있어도, 혹은 점성술이 아무리 정확하더라도, 나는 삶을 통제하거나 사랑하는 사람들을 미지의 것으로부터 구할 수 없었다.

5년 동안 나는 단 한번도 행성의 영향을 살펴보지 않았다. 나는 불확실성의 아름다움을 완전히 느끼고 마주하는 법을 배웠다. 이제 나는 두려움이 아닌 사랑과 즐거움에서 직관을 사용하고 점성술의 도구들을 이용한다. 드디어 나는 편안하다.

당신에게 주는 선물

나는 당신을 삶의 모든 것에 연결해 주는 그 고요한 목소리를 당신에게 일깨워 주기 위해 왔다. 당신의 직관은 당신의 가장 위대한 재능 중 하나이다. 직관을 신뢰하라. 우리는 이성에 사로잡혀 있는 세상에 살고 있다. 마음을 탐구하고 정복하는 것에 너무 많은 중점을 두고 있다. 하지만 당신은 진정한 앎을 경험할 수 있는 능력이 있다. 당신은 심지어, 보거나 듣거나 만지거나 맛볼 수 있기 전에 어떤 것을 감지할 수 있다. 당신의 원초적인 본능을 받아들이고, 이론과 방법에 의존하는 것을 멈출 시간이다. 나는 당신에게 당신의 지능이나 도구를 무시하라고 말하고 있는 것이 아니다. 단지 그것들이 당신의 직관에 봉사하도록 하라는 것 뿐이다. 이 기술을 배우면서, 당신은 오래된 두려움들이 녹아 없어지고, 관계들이 유연해지고, 모든 것이 더 부드럽게 돌아가는 것을 발견할 것이다. 목 뒷덜미의 털들이 말해주는 미묘한 느낌들을 신뢰하라. 주의 깊게 귀를 기울여라

명상할 질문

- 당신은 때때로 당신의 직관을 무시하는가? 아니면 놓칠까 봐 두려워, 혹은 명확함을 기다리는 것이 당신을 너무 불편하게 만들기 때문에 '네' 라고 말해 버리는가?

- 당신은 본능을 믿고 도약하는 것이 두려워서 멋진 기회들을 놓치고 있는가?

- 걱정들, 의심들, 불안들이 자신의 직관을 듣는 것을 어렵게 만드는가?

- 내면의 고요하고 작은 목소리에, 당신의 분명하고 순간적인 앎에, 특별한 주의를 기울여라. 지금 당장 무엇을 당신에게 말해 주고 있는가? 마음이 저항하고 있다고 해도, 오늘 그것을 따라가 보라. 무슨 일이 일어나는지 보라.

[58] 활력(Vitality)

활력이 커진 것은, 사실은 자유가 커진 것을 뜻한다.

재능: 활력(Vitality)

그림자: 불만족(Dissatisfaction)

깨어남: 지복(Bliss)

프로그래밍 파트너: 52

~ 리차드 러드

나의 위즈덤 스토리

나는 걸음마를 떼자 마자 서핑보드를 탔다. 어린 소년일 때, 내가 하고 싶었던 것은 단지 파도를 타고 물에서 노는 것이었다. 어느날 파도타기를 타면서 나는 순수한 지복의 순간을 경험했다. 그 후, 나는 그 경험을 다시 맛보려고 애쓰면서 10년을 보냈다. 나는 나의 본능과 체력과 기술들을 향상시키고자 열심히 노력했다. 내가 더 강해질수록, 나는 세상도 더 향상시켜야 한다고 느꼈다.

그래서 나는 바다에 뛰어든 것처럼 자기계발서에 뛰어들어, 책에서 책으로, 선생님에게서 선생님에게로 헤엄쳤지만, 나를 진정으로 만족시키는 것을 한번도 찾지 못했다. 내가 이해할 수 있는 유일한 진실들은 파도타기로부터 배웠던 것들 뿐이었다. 파도타기는 나에게 건강한 두려움과 건강하지 않은 두려움을 가르쳐 주었다. 완벽주의와 유연함을 가르쳐 주었다. 나에게 기쁨과 자유를 가르쳐주었다. 나에게 지금에 존재하는 법을 가르쳐 주었다. 그래서 나는 그것에 대해 책을 썼고, 나도 모르는 사이에, 전국투어를 하며 사람들을 고무시키고 있었다.

그러나 나는 여전히 만족을 느끼지 못했다. 가르침과 여행은 나를 스트레스로 지치게 했고, 나는 충분히 파도타기를 못했다. 그래서 나는 유명한 파도타기 명소로 여행을 예약하고, 세상으로부터 벗어나 나의 즐거움과 다시 연결되기로 결심했다. 그러나 내가 준비하지 못한 파도가 왔다.

그 사고로 몸을 크게 다쳐 나는 다시는 걷지 못할 수도 있다는 소리를 들었다. 몇 달 동안 꼼짝없이 병원에 누워 있으면서 나는 진정한 구도의 길에 들어 섰다. 처음에는 나의 정신이 부서졌다. 그러나 시간이 지나고 이것이 나의 새로운 삶이라는 것을 받아들이자 나는 미래도 과거도 없다는 것을 가장 깊은 수준에서 배우기 시작했다. 오로지 지금만이 있었다. 내가 이 진실과 싸울 때마다, 나는 삶 자체를 방해하고 있다는 것을 깨달았다.

이 진실에 항복하자, 나는 행복할 것이 전혀 없음에도 불구하고, 예상치 못한 지복의 순간을 경험하기 시작했다. 2년이 채 안되어서 나는 걷고 있었다. 그리고 2년 후에 다시 써핑보드를 타고 있었다. 어쨌든 그곳에 있는 것만으로 나는 너무 감사해서 다른 모든 애착이 떨어져 나갔다. 그것은 파도나 나의 기술이나 성취에 대한 것이 아니었다. 혹은 그 체험이 얼마나 대단했는지에 대한 것도 아니었다. 그것은 바로 존재하는 것에 대한 것이었다. 작은 물방울, 그리고 광대한 바다, 그 모든 것이 한꺼번에.

오늘 나는 각양 각색의 모습과 나이와 능력을 가진 사람들을 바다에 데려가 돌고래들과 같이 수영을 했다. 매일 나는 그들 속에서 기쁨과 자유의 파도가 솟아나는 것을 목격한다. 나는 나를 여기로 데려온 고통스러운 변형의 여정을 한 순간도 후회하지 않는다.

당신에게 주는 선물

나는 당신에게 자신의 진정한 본성과 싸움을 멈출 때라고 말해 주기 위해 여기에 있다. 당신은 표현해야만 하는 활력과 생명력을 내면에 가지고 태어났다. 당신이 그것을 재현하려고 시도하거나 불만족에 저항하는 것은 그것을 간섭하려는 것이 된다. 그리고 당신 안에서 뛰고 있는 생명의 맥박을 제거하기 위해 당신이 할 수 있는 것은 아무것도 없다. 그러므로 당신도 항복하는 게 좋을 것이다. 불만족은 삶의 자연스러운 일부이다. 그것이 없다면 우리 중 아무도 진화할 수 있는 '동기' 혹은 이 세상을 더 좋은 곳으로 만들려는 동기를 갖지 못할 것이다. 저항하거나 판단하지 않고 삶이 당신을 통해 그 스스로를 표현하도록 허락할 때, 자연스럽게 지복이 일어난다. 미래는 당신의 손에 있지 않다. 그것은 심지어 존재하지도 않는다. 단지 지금만이 있을 뿐이다. 그러므로 미래에 투사하는 것을 멈추고, 삶이 당신과 함께 자신의 길을 가도록 내버려 두라. 그리고 당신의 목적이 펼쳐지는 것을 지켜 보라.

명상할 질문

- 당신은 아직도 당신이 완벽하고 평화로운 미래를 만들 수 있고, 만들어야 하고, 그래서 그것이 당신의 남은 삶 동안 지속될 거라는 믿음에 매달려 있는가?

- 당신은 아직도 오래된 기쁨의 경험을 재현하고자 시도하고 있는가?

- 당신은 당신의 바깥에서 행복을 찾고 있는가?

- 당신의 만족스럽지 않은 경험들이 어떻게 당신의 진화와 개인적 성장에 도움을 주는가? 당신이 하고 있는 봉사에 어떤 도움을 주는가?

- 당신이 당신의 활력, 또는 지복의 순간을 경험한 것은 언제인가?

- 당신의 삶에서 가장 큰 불만족들의 목록을 만들어 보라. 당신은 어떻게 이 불만족들을 해소하거나 피하려고 하는가? 하루동안, 또는 한주동안 '결심/회피' 다이어트를 진행해 보라.

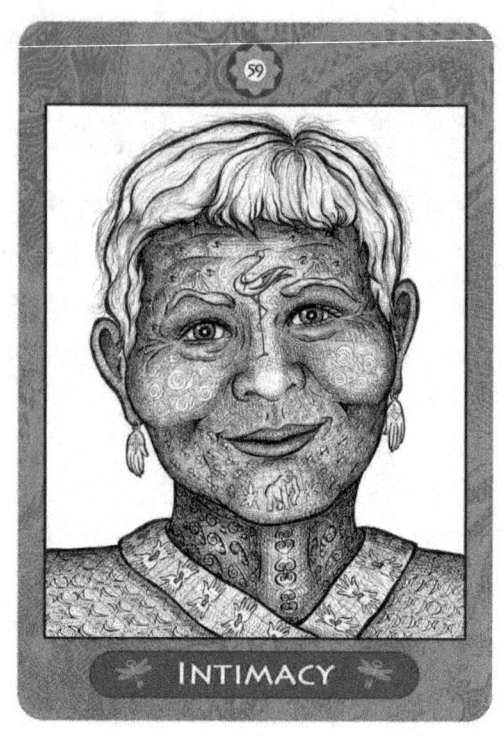

[59] 친밀감(Intimacy)

가슴이 열릴 때 진정한 친밀감이 생겨나며 두 사람은 같은 자각 속에서 만난다.

재능: 친밀감(Intimacy)

그림자: 불신(Dishonesty)

깨어남: 투명성(Transparency)

프로그래밍 파트너: 55

~ 리차드 러드

나의 위즈덤 스토리

나의 부모님은 성적인 면에서는 궁합이 좋았지만 다른 일상적 관계에서는 긴장과 갈등으로 가득 차 있었다. 아버지는 잡혀있는 것에 대해 끊임없이 투덜거리셨다. 아버지가 밤에 외출하면 어머니는 아버지에게 공격적인 질문을 퍼부었고, 아버지가 가장 최근에 저지른 불륜행위를 순순히 자백하지 않으면 불같이 화를 냈다. 대개 아버지는 화를 내며 나갔고 집안일을 내팽개쳤다. 그러나 아버지는 자신이 느끼는 소외감을 표현하지 않았고 같은 실수를 계속 되풀이했다.

어린시절 내내 부모님은 많은 것들을 계속 비밀로 하면서 자신들의 상처를 한번도 털어놓지 않았다. 나는 속을 잘 드러내지 않고 수줍어하는 내성적인 십대였다. 나의 형제자매들과 달리 나는 이성과 소통하는 법을 전혀 알지 못했다. 그것은 내게 너무나 혼란스러워 보였다. 그래서 그들이 데이트를 하러 나가면 나는 집에 있었고, 엄마처럼 나도 배제받는 느낌을 받았다. 그들이 내게 같이 나가자거나 데이트 상대를 구해주겠다고 할 때도 나는 나를 동정해서 하는 말이지 사실은 내가 가는 것을 원치 않는다고 확신했다. 그래서 나는 모두 거절했다.

나이가 좀더 들자 나는 남자들과 우정은 쌓았지만 멋진 남자에게 끌린 적은 없었다. 내가 매력을 느낀 남자는 대개 나쁜 남자였고, 그에 대한 불신이 커지면 나는 관계를 끝내 버렸다. 그러다가 드디어 내가 저항할 수 없는 남자를 만났다. 우리는 성적으로 너무나 잘 맞아서 영적인 느낌까지 들었다. 처음으로 나는 결혼을 하고 아이가 갖고 싶어졌다.

그는 나쁜남자 스타일이 아니었다. 나는 그가 나를 아끼는 것을 진심으로 믿었다. 그러나 나는 나의 두려움을 통제할 수 없었다. 혹은 나를 통제하는 두려움의 그 통제를 통제할 수 없었다고나 할까. 그를 잃지 않기 위해서 나는 나의 진정한 모습을 숨기고 그가 계속 나를 재미있어 하도록 연극을 했다. 나는 종종 왜 그가 나하고 같이 있고 싶어하는지 의심을 했다. 그래서 나는 그의 사회생활에는 관여하지 않았고, 그러고 나서는 거부당하는 느낌을 가졌다. 혹은 그가 나에게서 빠져나간다고 느껴지면 나는 그가 사회생활을 하지 못하도록 애를 썼다. 그가 나를 통제광, 불신과 질투의 화신이라고 불렀을 때 나는 그와 결별했다.

그 관계를 잃어버린 아픔을 느낄 수 있기까지는, 그리고 어린시절부터 지니고 있던 분노와 슬픔 밑에 깔린 두려움을 알기까지는 오랜 시간이 걸렸다. 그것이 나 자신과 인간관계에 대해 근본적으로 정직해지는 긴 여정의 시작이었다. 현재 나는 사랑하는 동반자와 함께 커플들을 상담해주고 있다. 그들이 자신들의 두려움을 인정하고 자신들의 진실을 나누고, 잡아당기거나 밀어내지 않으면서 서로에게 귀와 가슴을 여는 것을 도와주고 있다. 친밀함은 나의 영적인 길이자 나의 가장 큰 스승이다.

당신에게 주는 선물

자신이 사랑하는 사람들에게 솔직해질 시간이다. 진정으로 친밀해지기 위해서 당신은 자기자신에게 완전히 정직해야 하고, 자신의 가장 깊은 두려움을 기꺼이 수용하고 표현해야 한다. 이해하라. 자신이 다른 사람에게 문을 열 때 통제가 아니라 깊은 감정적 차원에서 영향을 받도록 자신을 활짝 열어놓아야 한다는 것을. 만일 당신이 과거로부터 상처를 갖고 있다면 - 우리 대부분이 그렇긴 하지만 - 이것이 두려울 수도 있다. 잡히는 것이나 버림받는 것이 두려울지라도 자신의 감정을 판단하지 말라. 그 보답으로 당신은 창조력과 아름다움과 관능성의 해방을 경험할 것이고, 같은 자각의 장 속에서 타인과 교감하는 멋진 가능성을 선물 받을 것이다. 서로 가슴을 열고 함께 하는 두 사람에게 한계란 없다.

명상할 질문

- 로맨틱한 관계를 맺고 있는 파트너에게 버림받을까 하는 두려움이 계속 당신을 정직하지 못하게 만드는가? 좀더 완전히 헌신하지 못하게 만드는가? 그것이 당신으로 하여금 자신의 동반자를 과도하게 유혹하거나 통제하도록 만드는가?

- 잡히는 것에 대한 당신의 두려움이 현재의 (혹은 잠재적인) 인간관계를 방해하고 있는가? 종종 벗어날 계획을 세우는가?

- 때때로 두려움 때문에 스스로를 소외시키거나 소외당했다고 느끼는가?

- 당신이 끌리는 사람이 당신에게 이해할 수 없다는 느낌을 주는 일이 종종 있는가?

- 용감하게 '투명해'졌던 때를 떠올려 보라. 어떤 보답을 받았는가? 어떤 느낌이 들었는가?

- 타인을 신뢰해야 하는 일에 부딪쳤을 때, 관계에서 자신의 가장 큰 '모난 부분'을 일기에 적고 성찰해 보라. 어떻게 긴장의 고비를 풀고 기지개를 켤 것인가?

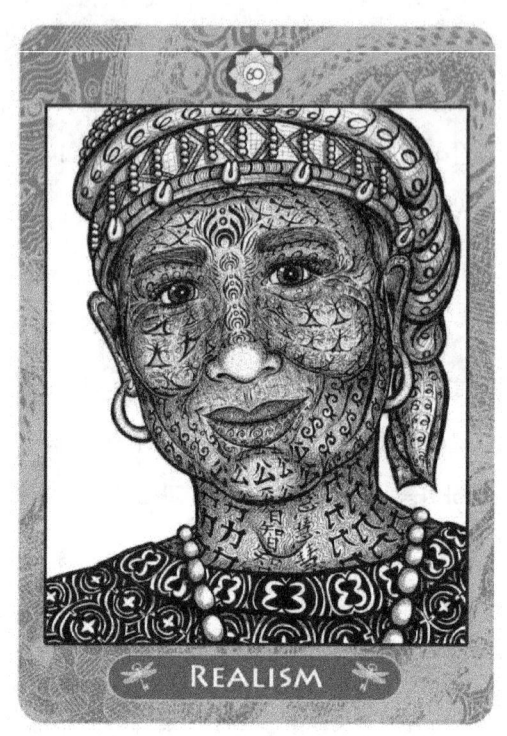

[60] 현실성(Realism)

마법이 일어나는 데 필요한 것은 어떤 형태의 구조와 열린 마음 뿐이다.

재능: 현실성, 현실주의(Realism)

그림자: 제한(Limitation)

깨어남: 정의(Justice)

프로그래밍 파트너: 56

~ 리차드 러드

나의 위즈덤 스토리

세상의 표준이 종교적 광신과 빈곤, 그리고 불의였던 한 지역에서 나는 자랐다. 억압에 대한 반응으로 사람들은 기적을 기도했다. 어린 시절, 나 또한 여자들과 아이들이 좀 더 많은 권리를 가질 수 있는 더 좋은 세상을 위해 기도했다.

그러나 나이가 들면서, 나는 기도에 지쳤다. 마법적인 생각은 어느 누구에게도 이익이 되지 않았고, 나는 우리나라의 법이나 입법자들을 신뢰하지 않았다. 독재 정권이 전복되었을 때, 나같은 소녀들도 대학에 갈 수 있게 되었다. 즉시 나는, 내가 변호사가 되어 우리 나라의 병든 시스템을 내부에서부터 바꿀 수 있을 것이라는 것을 알았다.

가족 전체에서 고등교육까지 받은 유일한 소녀였던 나는 공부에 파묻혀 상상할 수 있는 모든 법을 배웠으며, 능숙한 논객이 되어 반박할 수 없는 증거를 가지고 관행적인 압제 시스템에 대항하는 모든 논쟁을 후원했다. 나의 일적인 면은 성공적이었지만, 내면적으로는 길을 잃었고, 통일성이 없었고, 인간관계가 존재하지 않았다. 내게는 진정한 협력자들이 없었다. 나의 생각은 닫혀 있었고, 제한적이었고, 경직되어 있었다. 나는 꿈꾸는 법을 잊어버렸고, 나를 배우게 하고 봉사하도록 이끈 정의에 대한 사랑과 연결이 끊어졌.

나는 심지어 내가 권리를 찾아 주기 위해 투쟁했던 여자들마저 원망하기 시작했다. 그들이 나에게 동의하지 않거나 내가 하고 있는 모든 행동에 감사하지 않으면 나는 발끈 화를 냈다. 나는 더 나은 삶에 대한 그들의 꿈을 현실로 만들기 위해 내가 했던 것들을 그들이 완전히 잊어버린 것을 발견했다. 그리고 그들도 나에게 화를 냈다. 왜냐하면 나는 그들의 권리를 보호하느라 너무 바빠서, 그들을 사랑하고 존경하고 그들도 각자 개인의 목소리를 가진 인간으로 대하지 않았기 때문이다.

나의 가장 충성스러운 지지자 중 한 명이 그녀의 광적인 뿌리로 돌아갔을 때, 나는 깨어났다. 그리고, 논쟁을 멈추고, 내가 대변했던 사람들의 현실적 꿈들과 요구들, 그리고 바램들을 듣기 시작했다. 이제 나는 사물들의 표면 너머를 보며, 모든 사람들의 억압받는 부분을 존중한다. 나는 법에 대한 나의 이해를 사람들을 지원해주고 힘을 부여해 주는데 사용하고 있다. 나의 열린 마음과 꿈꾸는 가슴은 내가 하는 모든 일에 영감을 준다. 나는 진정한 정의가 사회를 이끌어 간다는 것을 배웠고, 또한 세상을 더 좋게 바꾸는 것은 실제로, 즐겁고 서로 양육하는 과정이 될 수 있다는 것을 배웠다.

당신에게 주는 선물

나는 당신에게 현실주의와 상식에 대한 사랑을 가져 온다. 나는 당신이 창조적인 과정의 현실적인 면들을 잃지 않고 당신의 이상과 비전들과 계속 연결되어 있기를 원한다. 씨앗이 껍질을 필요로 하듯이, 강이 강둑을 필요로 하듯이, 당신의 꿈들은 당신이 세상의 고유한 구조를 이해하기를 원한다. 그렇게 당신은 꿈들을 삶으로 데려올 수 있다. 이 구조들을 숨막히거나 영구적인 제한들로 보지 말라. 대신 그것들을 당신이 갈 필요가 있는 곳으로 당신을 데려가고, 더 이상은 가지 않도록 해주는 완벽한 지지물로 설계된 바다의 커다란 배로 보라. 당신의 꿈들의 가슴에 가까이 머물고, 모든 시스템들과 종교와 사고방식을 가볍게 잡고 있어야 함을 명심하라. 불확실함을 편안해 하고, 상자 밖에서 생각하며, 즐거운 언어를 사용하라. 겉으로 정체된 것처럼 보이는 것이 아무 일도 일어나지 않는다는 의미는 아니다. 진정한 가치를 지닌 모든 것이 당신 속에 살고 있다. 그러므로 우리 우주의 마음과 눈과 귀가 되어라, 그러면 조만간 당신은 마법을 부리고 있을 것이다.

명상할 질문

- 당신은 조직과 의무로부터 벗어나려고 하는 경향이 있는가?
- 당신은 진정한 협력자를 찾는데 어려움을 겪고 있는가?
- 당신은 지속적인 일들을 거의 하지 못하는가?
- 당신은 자신만의 생각과 행동방식을 단단히 붙들고 있는가?
- 당신의 삶에서 어떤 조직들이 없다면 당신은 무너지는가?
- 만약 당신이 너무 제한적인 경향이라면: 이번 한 주 동안은 당신이 단단히 잡고 있는 한 조직을 선택해서 조금 더 가볍게 그것을 잡는 방법을 찾아보라.
- 만약 당신이 체계적이거나 조직적이지 않은 경향이라면: 한 분야를 선택해서 힘을 다해 훈련하며 끝까지 따라가는 실험을 해보라.
- 현실주의와 정의에 대해 가장 긍정적인 당신의 경험을 깊이 생각해 보라.

[61] 영감(Inspiration)

창조성은 집단 정신병에서 인류를 꺼내 주는 가장 중요한 단 하나의 재능이다.

재능: 영감(Inspiration)

그림자: 정신병(Psychosis)

깨어남: 거룩함(Sanctity)

프로그래밍 파트너: 62

~ 리차드 러드

나의 위즈덤 스토리

나는 '왜'라는 질문을 하면서 태어났다. 왜 남자 아이들이 여자 아이들보다 더 가치가 있는가? 왜 전쟁이 일어나는가? 하느님은 사랑의 하느님인가? 우리나라에서 이런 질문들이 금지되었던 시기에 나는 이러한 것들을 곰곰히 생각했다. 나는 침묵을 지키는 법을 배웠지만, 종교에 대한 나의 흥미는 어린 시절 내내 계속되었다. 종교에 흥미가 없는 부모님과 열광적인 무신론적 정부에 대항해 나는 나이든 친척들로부터 유교와 도교, 불교에 대한 모든 정보를 수집했다.

새로운 헌법이 통과되고 '정상적인 종교 활동'들이 허용되었을 때, 나는 즉시 이슬람과 기독교를 탐구했다. 서구 세계로 이주해 마침내 내가 좋아하는 것을 자유롭게 탐구하게 되었을 때, 나는 종교에 대한 연구, 특히 내게 금지되었던 것들에 사로잡혔다.

더 많이 배울수록 그림은 더 복잡해졌다. 나는 이러한 종교와 신화와 원형들이 어디에서 처음 시작되었는지 알고 싶었다. 왜 수 천 년 전부터 세상의 종교들간에 설명할 수 없는 그렇게 많은 유사점들이 있을까? 불가사의한 신성한 기념물과 사원은 진정 어디서 누구로부터 왔을까? 나는 고고학 쪽으로 돌아서서, 내가 알고 있는 현실의 모든 것에 도전하는 웜홀을 통과해 들어갔다.

나의 여행은 나를 성경에서 이집트, 수메르와 레무리아, 아틀란티스, 그리고 더 멀리까지 데려갔다. 나는 과학적인 사고 속에 있는 너무 많은 구멍을 발견해서 고대 우주 비행사에 시작하여 스타게이트, 무지개몸, 시간 여행, 다차원, 초신성, 천체, 거인들과 요정들까지 가장 이상한 가능성들을 고려해야 했다. 나는 환생, 초자연적인 것, UFO, 크롭 서클, 임사체험등에 사로잡혔다. 새로운 대답은 새로운 질문을 낳았다. 사람들은 내가 어떤 것들을 믿는 것에 대해, 혹은 그들의 신념을 받아들이지 않는 것에 대해 미쳤다고 생각했다.

현실의 본질을 이해하기 위한 압박감이 견딜 수 없어졌다. 마침내 압박감을 없애려는 노력을 멈추고, 대신 바로 그 속으로 들어갔을 때, 나의 지성은 산산조각 났다. 심지어 나도 내가 미쳤다고 생각했다. 하지만 곧 지구상의 대부분의 사람들이 기본적으로 정신병자라는 것을 깨달았다. 우리 중 누구도 현실을 실제로 있는 그대로 보지 못했다. 그 순간, 나는 '왜'라는 질문을 멈추었고 진정한 영감의 은총을 입었다. 가장 눈부신 예술이 나를 통해 흐르기 시작했다. 더 이상 현실을 이해할 필요가 없었다. 직접 경험할 뿐이다.

당신에게 주는 선물

나는 당신에게 영감은 강요하거나 예측할 수 없다는 것을 말해주러 왔다. 뮤즈는 그녀 자신의 방식으로 그녀 자신의 타이밍에 나타난다. 그녀는 압박으로써 당신의 삶에 들어가, 당신을 미지의 세계로 부르고, 그리고 당신을 내면으로 불러들여 당신의 기원으로 다시 돌아가게 한다. 그녀가 항상 재미와 게임에 관한 것만은 아니다. 때때로 그녀는 당신의 사고 방식을 해체시키기 위해, 그리고 현실에 대한 당신의 모든 이해와 사랑의 능력을 흔들어 놓기 위해 온다. 그녀를 당신의 인생으로 반갑게 환영하기 위해서, 당신은 엄청난 인내심과 믿음을 훈련해야 한다. 당신의 마음 속 비밀과 진실을, 그리고 온통 당신을 둘러싸고 있는 모든 신비를 기꺼이 받아들여라. 당신이 그녀를 느낄 수 없을 때에도 그녀가 막후에서 일하고 있다는 것을 알아. 당신의 바깥에서 영혼을 찾지 말라. 영혼이 되어라.

명상할 질문

- 철학이나 체계나 길에 대한 당신의 확신이 미지에 대한 당신의 깊은 두려움을 감추고 있을지도 모르는가?

- '왜'라는 커다란 질문에 대한 답을 찾을 수 없을 때 편안해지기가 힘드는가? 이해하려고 힘들게 노력하지 말고 시간을 보내 보라.

- 진정으로 자신이 누구인지 그리고 어디서 왔는지 알아보기를 포기하는가? 당신은 너무 깊이 파고 드는 것이 두려운가? 자신에 대한 예외적인 질문을 하나 골라 계속 파보라.

- 영감을 주는 돌파구가 된 (육체적, 감정적, 정신적) 붕괴를 경험한 적이 있는가?

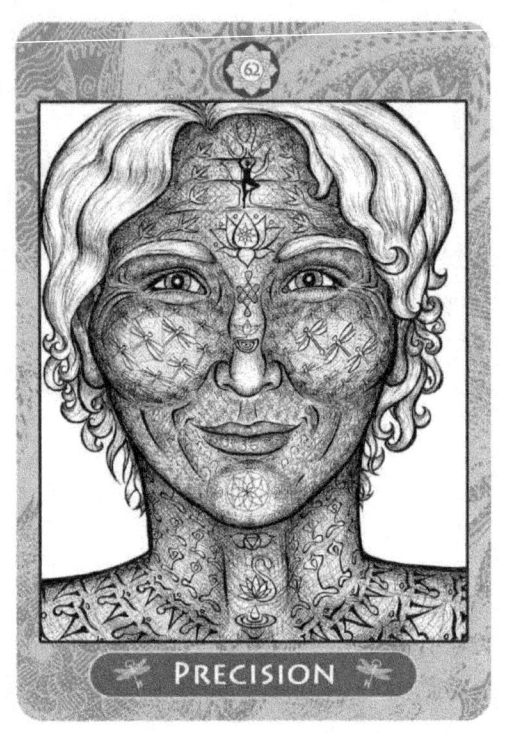

[62] 정밀, 정확함(Precision)

지적능력은 마음의 것인 반면, 이해력은 가슴의 것이다.

재능: 정밀, 정확함(Precision)

그림자: 지적능력(Intellect)

깨어남: 완전무결함(Impeccability)

프로그래밍 파트너: 61

~ 리차드 러드

나의 위즈덤 스토리

나는 항상 옆으로 재주넘기를 하며 바람과 함께 춤을 추던 활기찬 아이였다. 하지만 학교에서는 가만히 앉아서 사실을 배우고, 시험을 잘 보고, 설득력있는 에세이를 써서 나의 지적능력을 증명할 것을 내게 가르쳤다. 나는 똑똑했고 나의 두뇌는 빠르게 사실들로 채워졌다. 주위 사람들은 내가 뭔가 중요한 사람이 될 거라고 기대했다. 그래서 나는 그들의 기대를 충족시켰다.

의과 대학에 진학해서, 그곳에서 나는 인간의 몸과 모든 증상과 질병 그리고 약물에 대해 배웠다. 오래지 않아, 나는 유명하고 분주한 병원에서 장시간 일을 했다. 환자를 볼 때, 나는 문제를 살펴보며, 꼼꼼하게 기록했고, 완벽하게 습득한 병리학적 목록을 통해 환자들의 증상을 다루었다. 나는 좀처럼 앉아서 환자들의 눈을 보거나, 이야기를 듣거나, 환자들의 지혜를 인정하지 않았다. 나는 대체 요법이나 기도의 힘을 언급한 환자들에게 현학적으로 말했다. 나의 행동은 강박적이었고, 나는 끊임없이 내 고통은 물론 내 환자들의 고통을 회피했다.

특이한 환자 한 명이 내 삶에 들어와서 모든 것이 달라졌다. 자신의 병과 고통에도 불구하고, 그녀는 내가 느끼는 스트레스를 지나 나의 외로움까지 꿰뚫어보았다. 예약을 하면서 그녀는 나의 안부를 물었다. 내가 행복한가? 그녀가 날 위해 해 줄 수 있는 게 있는가?

어떤 이유에서인지, 나는 그녀에게 마음을 열고, 나의 삶과 끊임없는 나의 편두통과 세부 사항들과 책임감들의 바다에 빠져 있는 것 같은 나의 느낌에 대해 그녀에게 이야기를 했다. 이야기의 끝에, 그녀는 내 손을 잡고 조용히 요가를 배우라고 권했다. 그녀는 내가 만나봤으면 하는 선생님을 알고 있었다. 어떤 이유에서인지 또 나는 그 말을 따랐다.

요가수업을 처음 시작할 때, 얼마나 어색했는지, 혹은 스트레칭을 하고, 호흡을 하고 이완을 할 때, 각 자세마다 내가 얼마나 버터처럼 녹아내렸는지 결코 잊지 못할 것이다. 요가 선생님은 너무나 편안하고 우아하고 완벽하게 움직였다. 말을 하는 대신에, 선생님이 부드럽게 손을 내 등에 얹자, 나는 눈물이 흐르기 시작했다. 인간의 몸에 대해 아는 것이라고는 그 속에 있으면서 그것을 즐기는 것밖에 없던, 옆으로 재주넘던 그 소녀가 얼마나 그리웠던가. 이제 나는 요가를, 그 동작과 명상을 내가 하는 모든 것에 통합시켰다. 아무리 바쁜 곳에서도 마음은 즐거운 고요 속에 머물러 있다. 환자들을 진찰할 때, 나는 말하는 것보다 듣기를 더 많이 한다. 그리고 그들이 필요로 하는 것을 그들의 몸이 얼마나 많이 알고 있는 지 보고 놀란다. 나의 몸과 가슴이 평화롭다.

당신에게 주는 선물

나는 당신이 지적능력과 진정한 지성의 차이를 알기를 바란다. 지적능력은 생각하고, 사실을 수집하고, 지식을 조작하는 마음의 능력이다. 그것은 훌륭하지만 제한되어 있다. 더 지식적이 되면 될수록 진정한 지성을 덜 사용하게 된다. 다음 번에 주위를 둘러볼 때, 당신의 가슴 전체로 바라보라.

신비스러운 세계의 본질을 당신의 영혼 속으로 깊이 받아들여라. 그러면 당신은 진정한 지성을 맛보기 시작할 것이다. 여기서부터 당신은 잠재적인 굴욕에 대해 덜 신경을 쓰게 될 것이고, 사랑으로 말하고 쓰고 창조하는 것에 더 많은 관심을 가지게 될 것이다. 당신은 단순한 언어로 정확함의 화신이 되어 세상을 변화시킬 것이다.

명상할 질문

- 당신은 어떤 창조적 출구가 없이 삶의 세부사항에 갇혀 있는 느낌인가?
- 당신의 생각을 멈추는 것이 어려운가? 항상 생각이 많은가?
- 당신의 마음은 사람들의 생각에서 흠들을 콕 찍어내는가?
- '가슴으로 걷기'를 계속 하라. 세상을 바라보고 사실을 알아차리는 대신에, 그 정신을 완벽하게 느낄 수 있는지 보라. 나무들에게 귀를 기울이라. 사람들을 느껴라. 이 경험이 당신의 느낌과 의사 소통에 어떻게 영향을 주는지 주목해 보라. 자신의 진정한 지성과 다시 연결될 때 놀라움에 열려 있으라.

[63] 탐구(Inquiry)

인간의 논리적 마음은 단지 모순만을 확인하도록 되어있을 뿐이다.

재능: 탐구(Inquiry)

그림자: 의심(Doubt)

깨어남: 진실(Truth)

프로그래밍 파트너: 64

~ 리차드 러드

나의 위즈덤 스토리

어렸을 적에 나는 부모님께 질문을 했고, 부모님은 논리적이고 확실한 대답을 해 주었다. 무지개는 기상학적 현상이었고, 유니콘은 물리적으로 불가능하다고. 하지만 여전히 내가 궁금해 하는 것들이 너무 많았다. 내 어처구니없는 질문들에 가족들이 웃으면 웃을수록, 나는 내가 더 바보 같다고 생각했다.

젊었을 때, 내게 일어나는 모든 생각과 환상, 그리고 의견들이 나에게 내재된 비판의 필터를 통해 마구 쏟아져 나왔다. 나는 내가 누구인지, 내가 무엇을 생각하는지, 내가 무엇을 했는지, 내가 어떻게 느끼는지를 끊임없이 의심했다. 그리고 내가 내린 모든 결정을 생각이 마비될 정도로 비판하거나 충동적으로 결정해서 후회했다. 나는 밑바닥에 닿거나, 전체 패턴을 보거나 객관적인 진실에 도달할 때까지 긴장을 풀지 못했다. 그리고 그것은 당연히 불가능한 일이었고, 그것이 나를 더욱 불안하게 만들었다.

그래서 나는 배우고 또 배우면서, 계속 내 자신에 대한 자기의심들을 가지고 있었다. 나는 공적인 관계에서는 호감이 가고 합리적이지만, 사적인 관계에서는 화를 내고 적대적이었다. 내 연인은 단지 감정을 표현한 것이었을 뿐인데 나는 그 문제의 객관적인 진실을 찾는데 집착해서 요점을 완전히 놓쳤다. 나는 점점 의심이 많아졌고, 항상 다른 사람들이 내게 동의하지 않거나 의심하거나 나를 오해할꺼라고 예상했다. 특히 그들이 상황의 복잡성을 이해하지 못할 때, 나는 싸움을 선택했고, 방어적이 되었고, 증거를 모았다. 나는 누군가는 옳아야 하고, 누군가는 틀릴 수 밖에 없다고 굳게 믿고 있었다. 하지만, 그것은 결코 그렇게 단순한 것이 아니었다.

나의 자기의심이 너무 커져서 더 이상 잠을 자거나 일상생활을 할 수 없을 정도가 되었고, 나는 전문가의 도움을 구했다. 생전 처음으로, 나를 괴롭혔던 그 의심들에 대해 누군가와 터놓고 이야기할 수 있었다. 처음에 나는 그 상담사가 나를 도와줄 수 있을지 의심했지만, 상담사는 끈기있게 이야기를 들어주었고, 특히, 자기의심이 가장 강렬해질 때 그 의심들을 가지고 행동하지 말라고 나를 격려했다.

시간이 흐르면서, 상담사는 나의 마음이 가지고 있는 독특한 탐구의 재능을 내가 이해하게 해주었고 역설적인 삶의 본성을 받아들이도록 도와주었다. 나는 지원을 받아서 명상 훈련법을 개발했다. 내 마음이 더 상냥한 관찰자가 되어감에 따라, 나는 얼마나 많은 사람들이 자기 의심으로부터 고통 받고 있는지, 그리고 이해하기 위한 나의 분투들이 얼마나 나를 인간답게 만드는 부분인지를 보았다. 이제 나는 사람들이 다양한 자각의 상태를 체험하고, 자신들의 진정한 본성에 대한 신비로움을 느끼고 탐험하는 것을 도와주고 있다.

당신에게 주는 선물

나는 당신의 탐구에 대한 사랑을 축하하기 위해 왔다. 그리고 또한 당신의 탐구적인 마음과 의심의 재능을 자책이 아니라 세상을 위한 봉사에 사용할 때 가장 잘 쓰는 것이라는 것을 당신에게 일깨워 주려고 왔다. 답을 찾아야 한다고 주장하지 않고, 삶에 대해 진정으로 순수한 호기심을 가질 수 있는지 보라. 삶에 대한 당신의 이해가 점점 더 복잡해지고 역설적이 될 때, 배움에 대해 열린 자세를 유지하라. 자신의 고통에 대해 궁금해 하라. 그것은 당신의 자비로운 마음을 열어 줄 것이다. 언젠가는 당신의 뛰어난 정신이 당신을 자기 자신에게로 다시 데려다 줄 것이다. 왜 안 되겠는가? 당신은 당신이 배운 모든 것과 영원히 밀접하게 연결되어 있다.

명상할 질문

- 당신은 자기 의심에 시달리고 있는가? 자기의심이 당신을 불안하게 하거나 밤에 깨어있게 하는가?

- 당신은 당신의 삶에 있는 사람들, 또는 그들의 동기와 의제에 대해 의심스러워하는 경향이 있는가? 당신의 의심이 당신 주위의 사람들을 방어적으로 만드는 원인이 되는 경향이 있는가?

- 당신이 가진 탐구의 재능이 어떻게 세상에서 유용하게 쓰일 수 있을까? 그것이 이미 쓰이고 있는 곳은 어디인가?

- 진리란 당신에게 무슨 의미인가? 해가 거듭함에 따라 진리에 대한 관계가 어떻게 바뀌고 있는가? 하루 동안 자신을 의심해 보라. 무슨 일이 일어나는지 보고, 당신의 생각을 일기장에 써보라.

[64] 상상(Imagination)

자신의 고통이나 세상의 고통을 받아들이고, 예술적인 과정을 통해 표현한다면, 당신은 그 과정에서 연금술을 볼 수 있을 것이다.

재능: 상상(Imagination)

그림자: 혼란(Confusion)

깨어남: 계몽, 깨달음(Illumination)

프로그래밍 파트너: 63

~ 리차드 러드

64

나의 위즈덤 스토리

우리 조부모님은 전쟁 중에 이루 말할 수 없는 잔인함을 겪었다. 조부모님은 남은 가족들이 잔인하게 살해당하기 직전에 부모님을 데리고 가까스로 탈출했다. 조부모님은 무슨 일이 일어났는지에 대해 말하지 않았고, 부모님은 묻지 말아야 한다는 것을 알고 있었다. 과거를 돌아보는 대신에, 부모님은 성공적인 동화되고 가족의 고통을 숨기는 것에 집중함으로써 아이들이 박해받지 않는 안전하고 안정된 미래를 만드는데 당신들의 삶을 바쳤다.

어린 소녀였을 때, 나는 부모님을 기쁘게 해 주고 싶었고, 그래서 나는 내 주변의 사람들을 따라 하기 위해 최선을 다했다. 그리고, 우리 가족의 과거에 대한 질문들은 내 속에 담아두었다. 하지만 나는 뭔가 필수적인 것이 '빠져'있는 것처럼 붕 떠있는 느낌이었다. 바깥 세상에서, 우리 가족은 완벽해 보였다. 하지만 집에서는, 마치 코끼리 떼와 한방에 있는 것 같았다. 나는 자주 혼란스럽고 불안함을 느꼈지만, 단지 내가 너무 예민하고, 감정적이고 이상했다고 생각했다.

우리가 어디서 왔는지 모른다는 고통이 너무 커졌을 때, 나는 그 미스터리를 풀기로 결심했다. 나의 조부모님이 왔던 나라와 전쟁 속에서의 우리 가족이 가지고 있던 비극적인 역사에 대해 알기 위해 몰래 모든 것을 공부했다. 마침내 과거에 대한 고집스러운 회피를 하는 양 같은 행동에 대해 이해하게 되었다. 처음에 나의 발견들은 나의 혼란을 완화시키고 부모님에 대한 동정심을 증가시켰다. 하지만 부모님이 여전히 이야기하기를 거부했을 때, 나는 부모님이 고통을 회피하고 정말로 중요한 어떤 것에 대한 대화를 거부하는 것에 대해 화가 나게 되었다. 나는 부모님의 억압에 억압받는 것에 지쳐버렸다.

어느 날, 더이상 버틸 수가 없을 때, 나는 부모님을 비겁하다고 잔인하게 비난했다. 그리고 부모님 앞에 부모님의 과거 사진들을 당당하게 내보였다. 나의 감정을 폭발시키던 도중, 갑자기 아버지가 가슴을 움켜잡고 쓰러졌다. 다행히 아버지는 심장 마비에서 살아나셨지만, 나는 망연자실했다. 그리고 나 자신을 도저히 용서할 수가 없었다. 죄책감에 황폐해져서, 나는 역사의 상처를 치료하는 전문적인 상담사를 찾아갔다. 상담사의 도움으로, 혼란을 끝내기 위한 가차없는 노력을 통해 나는, 나의 가족들처럼 내가 어떻게 나 자신의 고통을 피하고 있었는 지를 알게 되었다. 그리하여 나는 마음을 비우고 내 마음이 민족의 순수한 고통을 느낄 수 있도록 허락했다.

그 때가 바로 기적이 일어나고, 내 상상력이 분출하기 시작한 때였다. 이제 나의 삶은 하나의 예술 작품이다. 그리고 내가 하는 모든 것은 어둠을 통해서만 나올 수 있는 빛으로 가득 차 있다.

당신에게 주는 선물

나는 당신의 상상력을 자유롭게 해방시키기 위해 여기에 왔다. 하지만 우선, 자신의 고통과 혼란을 자신의 의식의 선물로 축복해야 한다. 혼란 속에서는 할 수 있는 것이 없다. 어느 곳도 갈 수가 없다. 아무 것도 알아 낼 수 없다. 혼란은 완전히 자연스러운 인간의 상태이다. 그것은 사실 성지이다. 맛보고 포용하라. 하지만 혼란을 바꾸거나 해석하거나 없애려고 하지는 말라. 당신이 당신의 혼란이 아니라는 것을 기억하자 마자, 석탄에서 진짜 다이아몬드가 나올 것이다. 그리고 당신의 상상력이 풀려날 것이다. 그리하여 당신은 창조성의 실현 과정을 통해 당신의 고통과 내면의 악마들을 표현할 수 있을 것이다. 붓으로 표현하든 펜으로 표현하든, 정직하고, 용감하고, 논리를 떠나 야생적으로 표현하라. 아무도 가 본 적이 없는 곳으로 가라.

명상할 질문

- 당신이 고통과 혼란을 느끼지 않게 피하는 방법은 무엇인가? 적당히 맞춤으로써? 과하게 고민함으로써? 바쁘게 삶으로써? 화를 냄으로써?
- 당신이 여전히 자신의 독창성을 숨기고 있는 곳은 어디인가?
- 당신의 현재 관계들은 어떻게 당신이 숨기는 것을 강화시키는가?
- 상상력을 발휘할 수 있는 여지가 있던 때를 생각해 보라.
- 이 순간, 무엇이 당신을 가장 고통스럽고 혼란스럽게 하는가? 자신의 고통과 두려움, 혹은 혼란을 창조적으로 표현할 수 있는 방법을 찾아보라. 그것을 거창한 예술로 만들지 말라. 그냥 솔직하게 표현하라.

[65] 당신

당신 자신이 되어라; 다른 사람을 따라하는 천한 모방자가 되지 말고 최고의 당신 자신이 되어라. 당신이 그 누구보다 더 잘할 수 있는 무엇이 있다. 내면의 목소리에 귀를 기울이고 용감하게 그것을 따르라.

~ 랄프 왈도 에머슨, 자기신뢰

당신에게 주는 선물

이 카드를 뽑다니 얼마나 멋진가! 이제 당신은 당신 자신의 아름다운, 독특한 얼굴을 들여다보고 당신 자신으로부터 멋진 선물을 받을 수 있다. 아래에 당신을 위한 질문들이 있다. 당신이 이 카드를 뽑을 때마다, 혹은 이 카드가 당신을 선택할 때마다, 떠오르는 대답들이 다를 것이라는 가능성을 열어두라. 그리고 그러면 어떤가? 당신은 영원히 진화하는 신비이다. 발전하는 위즈덤 키퍼(지혜의 소유자)이다. 당신 자신과 함께 있는 것을 즐겨라.

그리고 명심하라. 당신은 당신 자신에게, 그리고 세상에게 하나의 선물이다.

명상할 질문

- 이순간 당신의 삶에서 자신의 가장 위대한 재능이 무엇이라고 말하겠는가?

- 당신이 가장 힘들게 투쟁하는 두려움은 무엇인가? 그것은 당신이 생각하는 방식에 어떤 영향을 주는가? 느끼는 방식에? 행동하는 방식에?

- 당신의 두려움이 어떻게 당신의 재능을 탐험하고 포용하고 표현하는 것을 막는가?

- 삶에서 당신이 영적으로 충만하다고 느꼈던 때를 생각해보라. 혹은 당신의 작은 자아가 없던 때를. 당신은 어디에 있었는가? 누구와 함께 있었는가? 지금 그 경험과 어떻게 다시 연결될 수 있을까?

- 거울을 바라보라. 당신의 두 눈을 계속 들여다 보라. 지나가는 생각들을 알아 차려라.

당신의 마음이 판단을 하고 있는 것을 보는가? 산만해지는 것을 보는가? 질문을 하는 것을 보는가? 강력한 감정들이 떠오르는가? 가능하다면 그 감점들을 허락하라. 당신이 무엇을 알아차리든, 무엇이 일어나고 있든, 그것을 받아들여라.

그것이, 당신이… 괜찮음을 허락하라.

당신의 위즈덤 스토리

일기장에다 당신 자신의 스토리를 말해 보라(시간이 지남에 따라 자유롭게 거기에 덧붙여라!) 투쟁들을 포함하라. 의미있는 관계들과 터닝포인트들을 포함하라. 당신의 이야기에서 두려움이 이겼던 순간을 공유하라. 사랑이 이겼던 순간들도. 그 이야기에서 당신이 지금 있는 곳은 어디인가? 시작인가, 중간인가, 끝을 향해 가고 있는가? 교차로에 서있는가? 지금이 터닝포인트인가? 그 이야기에서 지금 현재 이기고 있는 것은 무엇인가? 두려움인가? 사랑인가? 의심인가? 신뢰인가? 이야기의 줄거리를 실제로 바꿀 수 있는, 지금 당장 당신이 할 수 있는, 혹은 그냥 받아들일 수 있는 단순한 한가지가 있는가?

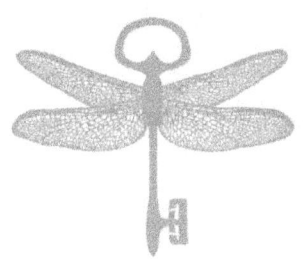

당신은 선물이다!

카드 스프레드 방법들과 사용을 위한 지침들

위즈덤 키퍼스를 가지고 작업할 수 있는 방법들은 무수히 많다. 다음의 스프레드들을 즐기며, 당신의 아이디어도 마음껏 떠올려 보라.

명심할 사항들:

카드를 섞거나 한 장을 뽑을 때마다, 마음 속에 질문과 의도를 지녀라. 당신에게 올바른 위즈덤 키퍼가 오기를 요청하고, 그 위즈덤 키퍼가 당신의 최고의 선에 도움이 되기를 요청하라. 당신의 내면 아이의 직관적인 지혜를 불러내고, 마음을 이완시키는 데 도움이 되도록 가능하면 잘 사용하지 않는 손으로 카드를 뽑도록 하라.

명심하라, 실수를 하거나 잘못된 위즈덤 키퍼를 받는 것은 불가능하다는 것을. 동시성의 힘을 신뢰하고, 진심으로, 창조적으로 명상 (contemplation) 의 과정에 참여하라.

'예/아니오' 질문들이 아니라, 명확하면서 열린 결말을 갖는 질문들을 하라. 실제적이고, '지금'에 기초한 질문들을 하라.

(이 오라클 카드는 예언의 용도로 사용하기 위한 것은 아니다.)

1. 위즈덤 키퍼와 의도적인 관계 맺기

삶에서 하나의 특별한 위즈덤 키퍼의 존재에 대한 강한 욕구나 필요를 느끼는 시간들이 있을 것이다. 혹은 의미심장한 삶의 주기나 사건들에 대해 카드를 한 장 뽑아보고 싶을 수도 있다. 예를 들어, 생일마다, 혹은 보름달일 때마다, 혹은 특별한 기념일들에 위즈덤 키퍼를 한 장 뽑아보고 싶을 것이다. 맞다고 느껴지는 것을 신뢰하라. 여기서 중요한 것은 당신이 모든 위즈덤 키퍼스를 보고, 의도적인 선택을 한다는 것이다. 놀라움에 열려 있으라.

집중해서 위즈덤 키퍼를 한 장 뽑을 때 도움이 되는 질문들:

당신의 위즈덤 키퍼는 누구인가?

누가 당신에게 영감을 주는가?

누가 당신을 믿는가?

누가 당신을 신뢰하는가?

누가 당신을 이해하는가?

누가 당신 영혼의 눈 속을 바라보는가?

누가 당신에게 중요한 무엇인가를 상기시켜 주는가?

당신이 비밀을 털어놓아도 안전하다고 느껴지는 사람은 누구인가?

지금 이순간 당신의 여행에서 도움이 된다고 느끼는 존재는 누구인가?

당신의 독특한 재능들을 알아주는 사람은 누구인가?

2. 위즈덤 키퍼 통렌

통렌은 열정을 깨우고 가슴을 부드럽게 하고, (우리자신이나 다른 사람들의) 고통에 대한 두려움을 극복하기 위해 호흡을 이용하는 명상법이다. 일반적으로, 숨을 들이 쉴 때, 대상이 어떤 특정한 사람이든지 아니면 일반적인 세상사람이든지, 그 상대방의 고통이나 두려움을 우리 자신의 몸으로 받아들인다. 그리고 숨을 내쉬면서, 그 사람에게 사랑이나 편안함이나 평화를 되돌려준다. 당신이 느낌이 어떻든지 간에 통렌은 그 사람의 고통을 덜어준다.

이 때, 당신은 자신의 위즈덤 키퍼스 카드를 가지고 앉아서 그 또는 그녀의 눈, 혹은 얼굴을 바라보라. 그리고 두 사람이 동시에 서로 통렌을 하고 있다고 생각하라. 두 사람은 각자 상대방의 고통을 들이쉬고, 애정어린 친절함을 내쉰다. 이것을 3~5 분정도 행하고, 어떤 느낌인지 보라.

3. 하루 한 장 안내와 명상을 위한 스프레드

매일 위즈덤 키퍼 한 장을 뽑는 것은 당신의 에너지에 초점을 맞추고 도움을 받을 수 있는 멋진 방법이 될 수 있다.

좋아하는 방법으로 카드를 섞고 나누어라. 그리고 카드를 얼굴이 보이지 않게 아래로 해서 펼쳐라. 지금 당장 당신이 가장 필요로 하는 위즈덤 키퍼가 나타날 것이라고 마음 속에 의도를 가지고 있어라. 만약 질문을 하고 싶다면, 그렇게 하라. 그리고 나서 당신에게 빛을 발하는 카드를 뽑아라.

4. 라이프 플라워 스프레드(B.L.O.S.S.O.M)

당신의 인생을 여러 장의 꽃잎을 가진 한 송이 꽃이라고 생각하라. 이 꽃은 각각의 꽃잎의 건강이 꽃 전체의 건강에 직접적 영향을 준다는 의미에서 홀로그램과 같다. 위즈덤 키퍼스가 당신 인생의 각 주요 영역들에 지혜를 가져옴으로써 당신의 라이프 플라워가 활짝 피어나게 하라.

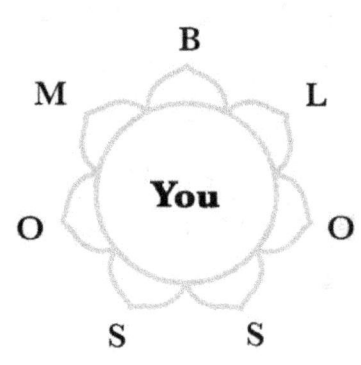

다음의 꽃잎들마다 하나의 위즈덤 키퍼를 뽑아라:

B 당신의 몸(Body)을 지원해주는 것

L 친구들과 가족 그리고 공동체의 사랑(Love)을 보여주는 것

O 중요한 타인(Other)과 당신의 관계를 명확하게 해주는 것

S 당신의 영성(Spirituality)을 지원해주는 것

S 당신의 성공(Success)을 지원해주는 것

O 삶의 일상적인(Ordinary)면들과 맺는 관계를 보여주는 것

M 당신의 더 깊은 사명(Mission)을 지원해주는 것

You 오늘 당신이 당신 자신을 찾을 장소와 지금 당장 당신이 사용할 수 있는 최고의 지원은 어떤 것인지 보여주는 것(자유롭게 덧붙이거나 꽃잎들에 변화를 주어도 좋다)

5. 인간관계 스프레드

이 단순한 스프레드는 외적인, 혹은 내적인 인간관계를 향상시키고 더 나은 이해를 제공한다. 우정, 사랑, 동료, 혹은 당신 자신의 내면 아이와의 관계들을 탐색할 때, 그 관계가 지금 어렵게 느껴질지라도, 카드를 뽑을 때 자신의 가슴과 연결되어 있어야 한다. 이 스프레드를 시작할 때 자유롭게 안내를 구하는 질문을 하라.

세 장의 위즈덤 키퍼스를 뽑아라:

당신(현재 관계에서 발생하는 당신의 재능과 그림자)
다른 사람(그 관계에서 발생하는 상대방의 재능과 그림자)
두 사람이 공유하는 것(여기서 당신들 두 사람이 서로의 관계를 통해 배우게 되는 것과, 그리고 두 사람의 관계에서 가장 필요로 하는 지원의 종류)

6. 가족(또는 그룹) 스프레드

여기 당신의 가족이든, 직장 동료이든, 지원단체나 영적인 공동체이든, 당신이 속한 그룹이 무엇이든지 간에 치유와 배움의 가능성을 탐색할 수 있는 기회가 있다. 각 카드를 뽑을 때, 그 그룹의 사람 하나하나에게 초점을 맞추어야 한다. 위즈덤 키퍼스가 멤버 개개인이 가져다주는 재능과 그림 뿐 아니라 그 그룹의 더 깊은 목적을 보여줄 수 있도록 사랑의 의도를 지녀라.

당신 자신을 포함해 각 그룹 멤버들의 카드 한 장을 뽑아라.

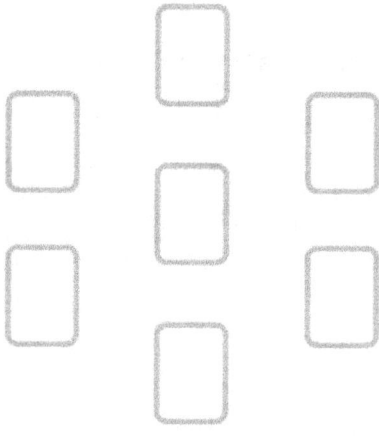

위즈덤 키퍼스를 원으로 놓아라. 그 다음 한 장을 뽑아 원 가운데 놓고 그룹 전체의 잠재성과 더 깊은 목적을 읽어라.

7. 가계혈통 스프레드

가계혈통 스프레드는 자신의 재능들, 그림자들, 핵심상처들의 기원에 대한 심오한 이해를 제공한다. 이 스프레드를 통해 당신은 자신의 삶에서 조상을 대신해서 치유를 활성화할 수 있다.

당신 자신을 위해 카드 한 장을 뽑는 것으로 시작하라. 그리고 위즈덤 키퍼스로 가계도를 펼쳐라.

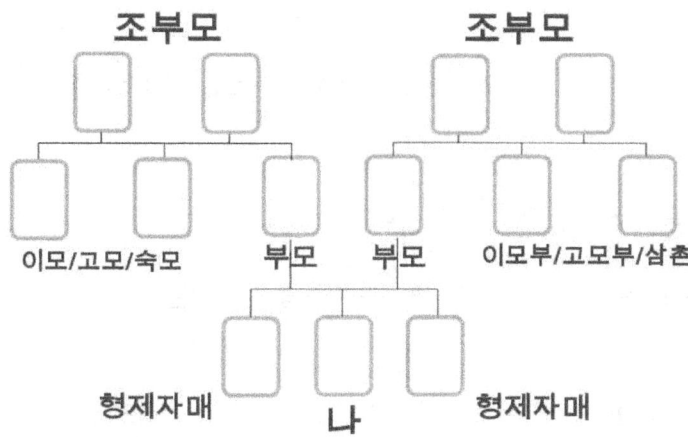

카드들은 당신이 이 스프레드에 포함시키기로 선택한 친인척들(예를 들어, 아이들, 형제자매, 부모, 조부모들) 각자의 재능과 그림자를 나타낸다. 각 카드를 뽑기 전에 가슴 속에 그 가족을 떠올려라. 이 스프레드를 진지하게 탐구하기 위해서는 시간과 공간이 필요하다. 위즈덤 키퍼스들은 당신이 잘 알고 있는 인간관계들에 빛을 비춰주고, 가족 비밀의 문을 열고, 완전히 새로운 관점으로 당신의 장점과 투쟁을 당신이 이해할 수 있게 도와준다.

8. 창조적인 꿈 스프레드

당신 가슴에 품고 있는 꿈을 생각해 보라(프로젝트를 시작하거나 완성하는 것, 당신 인생의 사랑을 발견하는 것, 창조적인 열정을 충족시키는 것, 몸이 더 건강해지는 것, 두려움을 극복하거나 세계를 여행하는 것).

다음의 세가지를 보여줄 세 장의 위즈덤 키퍼스를 뽑기 전에 자신의 소원과 깊이 연결하라:

- 당신의 꿈

- 당신의 이 꿈을 충족시키는 데 방해가 되는 것

- 당신이 꿈을 향해 갈 때 중심점

9. 특별한 도전 스프레드

이 스프레드는 당신이 특정한 도전과 함께 일하는 것을 도와주기 위한 것이다.

당신이 직면하고 있는 도전을 가슴으로 가져오라. 그리고나서 빛을 던져줄 4 장의 위즈덤 키퍼스를 뽑아라:

당신이 현재 직면하는 도전(예를 들면, 인간관계, 건강, 재정, 일, 창조성)

- 당신이 원하는 결과

- 관심이 필요한 그림자

- 당신을 도와줄 재능

10. 완전한 상태 스프레드

당신이 완전한 상태가 되기 위한 필수적인 자질을 개발하도록 도와주는 4 장의 위즈덤 키퍼스를 뽑아라.

- 용기를 위한 한 장
- 건강한 경계를 위한 한 장
- 친절함을 위한 한 장
- 지혜를 위한 한 장

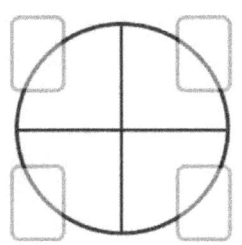

11. 9 센터 차크라 스프레드

인체의 9 차크라에 도움과 통찰을 가져다주는 9 장의 위즈덤 키퍼스를 뽑아라. (통합휴먼디자인에서 영감을 받았다)

- **Head** (Inspiration, Knowing)
- **Ajna** (Mind, Thinking)
- **Throat** (Expression, Transforming)
- **Identity** (Self, Being, Loving)
- **Ego** (Will, Working)
- **Solar Plexus** (Emotion, Yearning)
- **Sacral** (Energy, Flowing)
- **Spleen** (Intuition, Sensing)
- **Root** (Impulse, Growing)

헤드(영감, 앎), 아즈나(마인드, 생각), 목(표현, 변화), 정체성(자기, 존재, 사랑), 에고(의지, 일), 태양신경총(감정, 갈망), 천골(에너지, 흐름), 비장(직관, 지각), 루트(충동, 성장)

유전자 키를 통한 자신만의 고유한 디자인 탐구하기

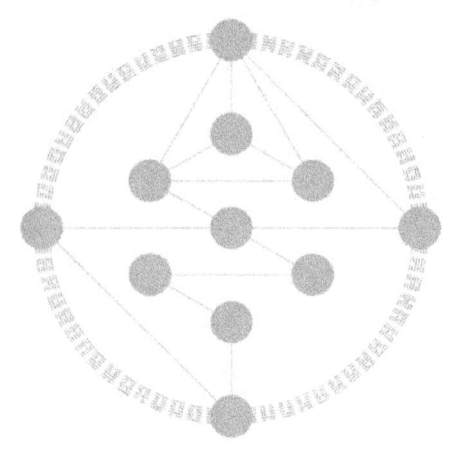

'유전자 키'와 당신 자신의 아주 독특한 여정이나 '프로파일'(생일에 기초한)을 더 깊이 탐구하는데 위즈덤 키퍼스를 접목하는 여러가지 방법이 있다. 골든 패스를 함께 구성하는 특별한 세 개의 시퀀스가 있다. 첫번째는 '액티베이션 시퀀스'라 불리는데, 그것은 당신의 '인생의 일, 진화, 목적 그리고 광휘'를 포함한다. 두번째는 '비너스 시퀀스'라 불리며, 그것은 사랑과 인간관계, 그리고 당신의 삶에서 첫 21 년 동안의 발달과정의 깊은 중심에 자리잡고 있다. 세번째는 '펄 시퀀스'라 불리며, 그것은 당신과 번영의 관계를 명확히 보여주고, 가장 충실한 당신의 역할로 세상에 기여하도록 인도한다. (더 많은 시퀀스가 생길 것이라 확신한다.)

(위의 모든 시퀀스들에 대해 위즈덤 키퍼스 스프레드를 만들 수 있다.)

더 깊이 알기 위한 자료들

위즈덤 키퍼스 오라클 카드과 위즈덤 키퍼스 내면 가이드북에 대해 더 많이 알고 싶다면, 그리고 유전자키 골든 패스를 더 깊이 탐구하고 싶다면:

www.WisdomKeepers.net

www.GeneKeys.com

마지막 메모: 컬러코드의 이해

알다시피, 어떤 위즈덤 키퍼스들은 한 가지 컬러를 공유한다. 이것은 의도적인 것이다. 그 카드들은 같은 소울 그룹에 속해 있거나, 혹은 리처드 러드가 유전자키에서 21 코돈 링이라고 지칭했던 것이다. 아래에서 나는 같은 코돈 링 또는 소울 가족에 속해 있는 위즈덤 키퍼스를 설명했다. 좀 더 많은 정보는 유전자 키 책을 참조하라.

불의 고리 (1,14)

물의 고리 (2, 8)

생명과 죽음의 고리 (3, 20, 23, 24, 27, 42)

연합의 고리 (4, 7, 29, 59)

빛의 고리 (5, 9, 11, 26)

연금술의 고리 (6, 40, 47, 64)

인류의 고리 (10, 17, 21, 25, 38, 51)

시련의 고리(12, 33, 56)

정화의 고리(13, 30)

구도의 고리(15, 39, 52, 53, 54, 58)

번영의 고리(16, 45)

물질의 고리(18, 46, 48, 57)

가이아의 고리(19, 60, 61)

환상의 고리(28, 32)

돌아오지 않는 고리(31, 62)

운명의 고리(34, 43)

기적의 고리(35)

신성의 고리(36, 37, 22, 63)

기원의 고리(41)

계몽주의의 고리(44, 50)

소용돌이의 고리(49, 55)

마지막 말

나는 이 내면 가이드북이 당신에게 위즈덤 키퍼스와 함께 작업하는 방법들에 대한 영감을 주었기를 희망한다. 무엇보다도, 나는 앞으로 당신이 이 존재들과 함께 시간을 보내기를 바란다. 그들의 두 눈을 바라보며 그들도 당신을 볼 수 있게 허용하라. 온 마음을 기울여라. 그러면 당신이 그들과 연결될 때, 결국 당신은 자신이 누구인지 발견하게 될 것이고, 당신이 찾고 있는 그 위즈덤 키퍼로서 항상 살아갈 것이다.

특별한 감사

AC 크리에이티브의 앤 캐머런에게 특별한 감사를 전한다. 그녀는 내가 가장 필요로 했을 때 나서 주었고, 선두에 서서 애정을 기울여 '위즈덤 키퍼스 내면 가이드북'의 문고판의 형태를 잡아주었다. 그리고 한 사람으로부터 가능하다고 생각한 것보다 더 많은 시간, 기술, 지혜, 스테미너와 지원을 헌신적으로 쏟아 부어 내가 이 진화하는 사랑의 작업의 모든 면들을 세상에 내놓는 것을 도와주었다. 그녀는 '64faces.org'의 배후에 있는 나의 창조 파트너이자 뛰어난 추진력이다. 그녀는 편집자, 영적지도자, 출판의 천재, 마케팅과 홍보의 귀재, 직관적인 조언자, 그리고 내가 만난 가장 재능 있는 작가 중 하나이다. 그녀는 진행 중인 자신의 많은 베스트 셀러들을 쓰느라 바빴을 때에도 자발적으로 나를 도와주었다 (그녀의 일을 잘 지켜보라, 굉장할 것이다!). 그리고 그녀는 자기가슴의 순수한 선과, '깨어난 64'의 변형시키는 힘에 대한 흔들림 없는 믿음으로 일을 했다. 어떤 사람들은 더 멀리 간다. 앤은 연장 3 종 철인경기를 한다. 앤에게, 가슴깊이 감사한다!

번역자 소감

저는 위즈덤 키퍼스 코리아의 대표이자 위즈덤 키퍼스 한국공식카페 운영자인 윤정선입니다. 이번에 한국에 위즈덤 키퍼스 내면 가이드북을 번역하여 책으로 발간하게 되어 정말 기쁩니다. 그리고 한국에 위즈덤 키퍼스 오라클 카드를 알릴 수 있게 흔쾌히 지원을 아끼지 않았던 저자인 로지 아론손 박사님께 특별한 감사를 드립니다. 이 책 안에는 사람들이 삶을 통해 경험할 수 있는 65 가지 이야기들과 당신에게 주는 선물 그리고 명상할 질문들이 담겨 있습니다. 이 위즈덤 키퍼의 이야기를 사람들이 읽는 것만으로도 지나간 과거와 현재의 그들이 가진 삶의 그림자를 보게 되어 눈물짓기도 하고, 기억하지 못했던 내면의 이야기를 쏟아내며 자신을 이해하고 치유를 받게 되었습니다. 또한 그림자를 넘어서 재능들이 발휘될 때의 모습에 서로 기뻐하고, 명상할 내용으로 오랜 시간 같이 고민하며 토론하기도 했습니다. 지난 3 년 동안은 축복의 시간들이었습니다. 그리고 이 번역본으로 더 많은 한국분들과 위즈덤 키퍼스를 함께 할 생각을 하니 더할 나위없이 기쁩니다.

위즈덤 키퍼스 오라클 카드로 다양하고 의미있고 재미있는 경험을 원하시는 분들은 네이버에 있는 위즈덤 키퍼스 코리아 공식카페 (https://cafe.naver.com/wisdomkeepersoracle) 또는 페이스북 위즈덤 키퍼스 코리아 (https://www.facebook.com/WisdomKeepersKorea)를 방문하시길 바랍니다. 여러분을 맞을 프로그램들이 준비되어 있습니다. 인생의 조언을 해줄 단 하나의 오라클 카드를 원하신다면 위즈덤 키퍼스 오라클 카드를, 그리고 이 카드의 동반자인 내면 가이드북을 추천합니다!

예술가/작가에 관하여

로지 아론손 박사는 화가이고, 표현 예술 치료의 석사학위를 가진 블라써밍 가이드 (Blossoming Guide) 와 오센티시티 코치 (Authenticity Coach) 이고, 인튜이티브 리스닝 (Intuitive Listening) 과 크리에이티브 아트 (Creative Arts) 에서 박사학위를 받았다. 이 '내면 가이드북'에 더해 로지 박사는 '깨어난 64 얼굴, 위즈덤 키퍼스 오라클 카드'와 '깨어난 64 얼굴 컬러링 북'을 만들어 우리 우주의 기초에 놓여 있는 본질적인 치유의 원형을 보여준다. 그녀의 가장 깊은 의도는 사람들로 하여금 자신의 재능을 깨워 자신의 진정한 자아로 꽃필 수 있도록 동기를 부여해주는 도구를 제공해 주는 것이다.

열렬한 허락주의자, 압박을 해소하는 자 그리고 미지를 환영하는 자인 로지 박사는 우리가 말 그대로 꽃 피어나도록 되어있고, 우리 각자가 우리 자신의 진정한 본성을 더 철저히 신뢰하고 존중하고 표현하면 할수록 우리는 함께 더욱 더 많은 마법을 창조할 수 있다고 믿는다. 로지 박사는 시간이 지나면 '깨어난 64 얼굴'이 가정으로, 요양시설로, 공공건물로, 명상홀로, 요가 센터와 학교로 초대받아서 점점 더 많은 사람들이 이 현명한 존재들의 따뜻한 현존과 연민의 은혜를 입을 수 있다는 비전을 가지고 있다.

www.ingramcontent.com/pod-product-compliance
Lightning Source LLC
Chambersburg PA
CBHW071222080526
44587CB00013BA/1462